G.B.S. 하나님 마음에 합한 시리즈 ⑧

하나님 마음에 합한 기도

프리셉트성경연구원 편

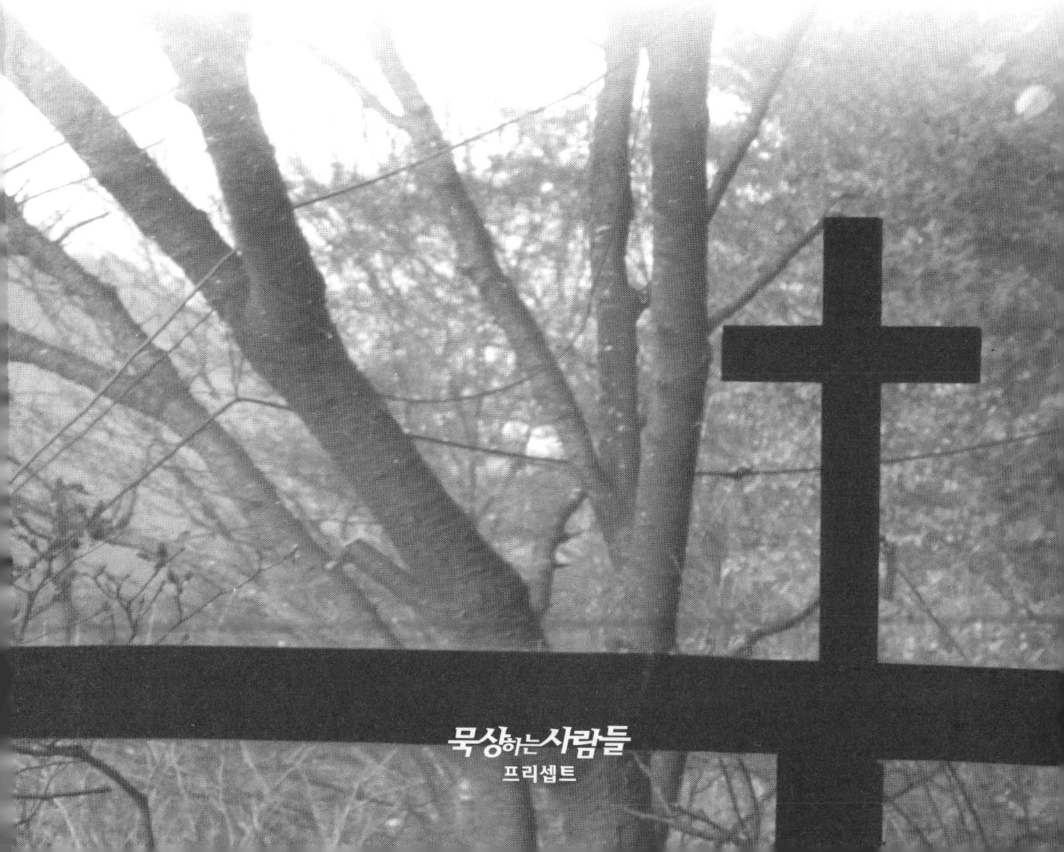

묵상하는 사람들
프리셉트

서 문

"어떻게 하면 **하나님의 마음에 합한 기도**를 할 수 있을까?"라는 생각은 현대를 살아가는 많은 그리스도인의 고민일 것입니다. 이러한 고민 속에서 한국 교회에 헌신된 목회자들이 지혜를 모아 그 결과로 본서가 나오게 되었습니다. 가치관이 전도된 현실 속에서 한국 교회의 성도들이 하나님의 백성으로서의 정체성을 회복하고 거룩한 공동체를 세워 가는, 하나님의 마음에 흡족한 성도들이 되길 소망합니다.

본서는 총 12과로 구성되었으며, 소그룹(구역, 셀, 제자양육, 각 교육기관)에서 활용할 수 있도록 구성하였습니다. 다루고 있는 주제는 교회와 사회에서 필요한 그리스도인들의 생활과 영성을 중심으로 하여 그리스도인들에게 꼭 필요한 주제들로 다루었습니다.

또한 본서는 귀납적 성경연구 방법(Inductive Bible Study Method)을 근간으로 하여 만들어졌습니다. 귀납적 성경연구란 성경 본문 그 자체로부터 시작하는 성경연구 방법으로, 성경을 먼저 깊이 묵상하는 것을 중시하며 철저한 본문 관찰, 정확한 해석, 올바른 적용을 추구하는 성경연구 방법입니다.

본서의 연구를 통해 경건한 개인, 건강한 공동체로 새롭게 거듭나는 시간이 되시길 기원합니다.

바쁜 목회일정 가운데도 집필에 참여해 주신 분들께 진심을 다하여 감사를 드립니다.

프리셉트성경연구원

활용 지침

1. 이 책은 소그룹에서 활용하기에 적합하도록 50분에서 1시간 정도의 분량에 맞추어 편집되었습니다. 인도자는 시작 시간을 준수하도록 참여자를 격려해 주십시오.

2. 각 과에 제시된 찬송가는 각 과의 주제에 맞추어 삽입되었습니다.

3. 요절은 각 과의 본문에서 핵심성구를 추출하여 굵은 글씨로 표기하였습니다. 소그룹 안에서 함께 암기하며, 암기한 것을 체크해 보도록 합니다.

4. 성령께서 말씀의 비밀한 세계를 깨우쳐 주시도록 함께 기도합니다.

5. 적용 질문은 한 과에 2-3개의 질문이 주어져 있습니다. 그룹 안에서 적용하여 함께 나누도록 합니다.

6. 성경공부를 인도할 때 인도자는 조원들의 참여도에 관심을 가져야 합니다. 예를 들면, 적극적으로 토론에 참여하는 사람은 조금 자제를 시키고, 소극적인 사람에게는 참여를 유도하는 질문을 통해 균형 잡힌 토론이 되도록 해 주어야 합니다.

차 례

시리즈 8 하나님 마음에 합한 기도

1과	이렇게 기도하라	10
2과	하늘에 계신(기도의 대상 I)	18
3과	우리 아버지여(기도의 대상 II)	25
4과	이름이 거룩히 여김을 받으시오며	32
5과	나라이 임하옵시며	41
6과	뜻이 하늘에서 이룬 것같이 땅에서도 이루어지이다	48
7과	오늘날 우리에게 일용할 양식을 주옵시고	54
8과	우리가 우리에게 죄 지은 자를 사하여 준 것같이	63
9과	우리 죄를 사하여 주옵시고	71
10과	우리를 시험에 들게 하지 마옵시고 다만 악에서 구하옵소서	79
11과	나라와 권세와 영광이 아버지께 영원히 있사옵나이다	86
12과	대개와 아멘	94

시리즈 1 하나님 마음에 합한 생활

- 1과 신령과 진정으로 드리는 예배
- 2과 하나님의 책 성경
- 3과 주님께서 가르치신 기도
- 4과 하나님께 드리는 진실한 찬양
- 5과 말씀 묵상과 적용의 생활화
- 6과 성도의 교제
- 7과 성경적인 재물관과 헌금
- 8과 발을 씻기는 섬김
- 9과 하나님의 마음을 전하는 전도
- 10과 세계를 품은 그리스도인
- 11과 세례와 성만찬
- 12과 건강한 주일성수

시리즈 2 하나님 마음에 합한 교회

I부 교회란 무엇인가?
- 1과 교회의 본질
- 2과 교회의 명칭 및 정의
- 3과 교회의 속성
- 4과 교회의 표식

II부 교회의 사명
- 5과 모이는 교회
- 6과 가르치는 교회
- 7과 역동하는 교회
- 8과 흩어지는 교회

III부 교회의 바람직한 모델 - 초대교회를 중심으로

- 9과 　부흥하는 교회 - 예루살렘의 처음교회
- 10과 　전도하는 교회 - 안디옥 교회
- 11과 　믿는 자의 본이 되는 교회 - 데살로니가 교회
- 12과 　칭찬듣는 교회 - 서머나 교회와 빌라델비아 교회

시리즈 3 하나님 마음에 합한 사람

- 1과 　믿음있는 사람 - 아브라함
- 2과 　생각하는 사람 - 예수님
- 3과 　비전을 품은 사람 - 여호수아
- 4과 　고난을 함께 하는 사람 - 룻
- 5과 　감동을 주는 사람 - 다윗
- 6과 　삶의 지경을 넓힌 사람 - 사도 바울
- 7과 　사랑을 고백한 사람 - 베드로
- 8과 　정직한 사람 - 요셉
- 9과 　우선순위를 아는 사람 - 솔로몬
- 10과 　중심이 변화된 사람 - 야곱
- 11과 　훈련받은 사람 - 모세
- 12과 　자신을 아는 사람 - 세례 요한

시리즈 4 하나님 마음에 합한 사역

I부 가정 사역
- 1과 　그리스도인의 가정
- 2과 　그리스도인의 결혼
- 3과 　그리스도인의 건강
- 4과 　그리스도인의 경제
- 5과 　그리스도인의 문화

6과 그리스도인의 여가

II부 사회 생활
 7과 그리스도인의 대인관계
 8과 그리스도인의 언어
 9과 그리스도인의 직장
 10과 그리스도인의 구제
 11과 그리스도인과 환경
 12과 그리스도인의 인격

시리즈 5 하나님 마음에 합한 약속

 개요 법을 주신 하나님
 1과 제1계명 다른 신들을 네게 있게 말지니라
 2과 제2계명 우상을 만들거나 섬기지 말라
 3과 제3계명 여호와의 이름을 망령되이 일컫지 말라
 4과 제4계명 안식일을 거룩하게 지키라
 5과 제5계명 부모를 공경하라
 6과 제6계명 살인하지 말라
 7과 제7계명 간음하지 말라
 8과 제8계명 도적질하지 말라
 9과 제9계명 거짓 증거하지 말라
 10과 제10계명 이웃의 것을 탐내지 말라
 결론 행함이 있는 믿음
 인도자지침

시리즈 6 하나님 마음에 합한 열매

 1과 열매가 있습니까?

2과   열매 맺는 힘
3과   사랑 1
4과   사랑 2
5과   희락
6과   화평
7과   오래 참음
8과   자비
9과   양선
10과 충선
11과 온유
12과 절제
인도자 지침

이렇게 기도하라

찬송: 482장
본문: 마태복음 6:9-13
요절: 마태복음 6:9

⁹그러므로 너희는 이렇게 기도하라 하늘에 계신 우리 아버지여 이름이 거룩히 여김을 받으시오며 ¹⁰나라이 임하옵시며 뜻이 하늘에서 이룬 것같이 땅에서도 이루어지이다 ¹¹오늘날 우리에게 일용할 양식을 주옵시고 ¹²우리가 우리에게 죄 지은 자를 사하여 준 것같이 우리 죄를 사하여 주옵시고 ¹³우리를 시험에 들게 하지 마옵시고 다만 악에서 구하옵소서(나라와 권세와 영광이 아버지께 영원히 있사옵나이다 아멘)

도입글

오늘날에 주기도문은 예배의 끝을 장식하는 의례적인 기도문으로 사용되고 있습니다. 그래서 주기도문을 형식적인 예배 순서의 하나로 여기는 경향이 있습니다. 그러나 주기도문은 성경 전체의 핵심을 압축하고 있는 기도문으로, 성경 전체를 관통하는 주제들로 구성되어 있습니다. 우리는 12주 동안 주기도문에 나타난 주제들을 하나하나 구체적으로 다룰 것입니다. 오늘은 그 첫 번째 시간으로 주기도문에 대해 개괄적으로 살펴보고자 합니다.

🔲 여는 질문

1. 당신은 언제 주기도문으로 기도하십니까?
   _____
   _____

2. 당신은 주기도문의 구절들에 대해 깊이 묵상하며 은혜 받은 경험이 있습니까?
   _____
   _____

🔲 본론

1. 기도의 바른 자세

예수님은 주기도문을 가르치시기에 앞서 우리가 갖추어야 할 기도의 자세에 대해 말씀하셨습니다. 마태복음 6:5-8의 말씀을 읽고 다음의 질문에 답해 보십시오.

> 또 너희가 기도할 때에 외식하는 자와 같이 되지 말라 저희는 사람에게 보이려고 (   )과 큰 (   ) 어귀에 서서 기도하기를 좋아하느니라 내가 진실로 너희에게 이르노니 저희는 자기 상을 이미 받았느니라 너는 기도할 때에 네 (   )에 들어가 문을 닫고 은밀한 중에 계신 네 아버지께 기도하라 은밀한 중에 보시는 네 아버지께서 갚으시리라 또 기도할 때에 이방인과 같이 (   )하지 말라 저희는 말을 많이 하여야 들으실 줄 생각하느니라 그러므로 저희를 본받지 말라 구하기 전에 너희에게 있어야 할 것을 하나님 너희 아버지께서 아시느니라 (마 6:5-8)

1) 외식하는 자들은 어떤 곳에서 기도하기를 좋아한다고 했습니까?(5절)

_____

_____

2) 예수님께서는 어떤 장소에서 기도하라고 하셨습니까? 그 이유는 무엇입니까?(6절)

_____

_____

3) "이방인과 같이 중언부언하지 말라"는 말씀은 어떤 의미입니까?(7절)

_____

_____

2. 주기도문

다음은 우리가 늘 외우고 있는 주기도문입니다. 매 구절과 단어들은 앞으로 우리가 12주 동안 공부할 주제들입니다. 그동안 쉽게 지나쳤던 구절들을 묵상하며 주의 깊게 살펴봅시다.

> 그러므로 너희는 이렇게 기도하라 하늘에 계신 우리 아버지여 이름이 거룩히 여김을 받으시오며 나라이 임하옵시며 뜻이 하늘에서 이룬 것같이 땅에서도 이루어지이다 오늘날 우리에게 일용할 양식을 주옵시고 우리가 우리에게 죄 지은 자를 사하여 준 것같이 우리 죄를 사하여 주옵시고 우리를 시험에 들게 하지 마옵시고 다만 악에서 구하옵소서(나라와 권세와 영광이 아버지께 영원히 있사옵나이다 아멘) (마 6:9-13)

배우기

1. 기도의 바른 자세

기도는 영적인 호흡이라고 말합니다. 그것은 사람이 숨을 쉬지 않고는 살 수 없듯이 기도 없는 삶은 영적으로 죽은 삶이나 마찬가지라는 것입니다. 성경은 우리에게 "쉬지 말고 기도하라"(살전 5:17)고 가르치고 있습니다. 호흡을 멈추면 죽는 것처럼 우리의 영혼도 기도를 멈추면 잠들어 버립니다.

또한 기도는 나 혼자만의 독백이 아닙니다. 하나님과 교제하며 나누는 대화입니다. 인간관계가 자주 만나고 가까이해야 깊어지는 것처럼, 쉬지 않고 기도함으로 하나님과 자주 만남을 가질 때 그 관계 또한 깊어지고 바로 서게 되는 것입니다. 그렇다면 영적 호흡인 기도는 구체적으로 어떻게 해야 할까요?

적용을 위한 도움 글

신발을 침대 밑에 던져 두는 이유

여섯 살 된 꼬마는 항상 잠들기 전에 신발 한 짝을 침대 밑에 던져 놓았습니다.

하루, 이틀, 사흘…. 엄마는 아이가 왜 그런 행동을 하는지 이상하게 생각했습니다.

"애야, 왜 신발을 침대 밑에 던져 놓니?

꼬마가 머리를 긁적이며, "교회 선생님이 그렇게 해 보라고 하셨어요."라고 대답했습니다.

"왜?"

> "신발을 침대 밑에 던져 놓으면 아침에 그 신발을 찾으려고 침대 밑에서 무릎을 꿇게 되잖아요. 그때 무릎을 꿇고 기도하라고요."

2. 주기도문

〈구조 살피기〉

1) 기도의 대상 - 하늘에 계신 우리 아버지여(9절)

2) '하나님' 청원(9-10절)
   ① 당신의 이름(Thy name)
   ② 당신의 나라(Thy kingdom)
   ③ 당신의 뜻(Thy will)

3) '우리' 청원(11-13절)
   ① 우리의 일용할 양식
   ② 우리의 죄 사함
   ③ 우리를 시험과 악에서 구원

4) 송영 - 나라와 권세와 영광이 아버지께 영원히 있사옵나이다 아멘(13절)

청원의 내용을 보면 먼저 '하나님'과 관련된 부분이 있고, 그 뒤에 '우리'와 관련된 부분이 있습니다. 하나님의 이름, 하나님의 나라, 하나님의 뜻을 구하는 기도는 '하나님'과 관련된 부분입니다. 이어서 우리에게 필요한 양식을 구하는 것, 우리의 죄를 사하여 달라는 것, 시험에 들지 않고 악에서 구원해 달라는 기도는 '우리'와 관련된 부분입니다.

전반부의 '하나님' 청원에는 하나님의 영광과 하나님 나라의 건설, 그리고 하나님의 뜻의 성취를 위한 기도가 들어 있습니다. 여기서 우리는 먼저 기도해야 할 것이 무엇인지, 기도의 우선순위를 배울 수 있습니다. 주기도문은 이처럼 아버지로부터 시작해서 아버지로 끝을 맺고 있습니다.

또한 주기도문에는 우리의 필요를 구하는 기도도 들어 있습니다. 후반부의 '우리' 청원이 바로 그것입니다. 우리 청원에는 우리의 일용할 양식을 구하는 육적인 필요에서부터, 악에서 구해 주시기를 바라는 영적인 필요까지, 인간의 모든 필요를 구하는 기도가 망라되어 있습니다. 즉 우리는 주기도문을 통해서 하나님으로부터 인간에 이르기까지 우리가 마땅히 기도해야 할 것들을 배울 수 있습니다.

적용 질문

1. 지금까지 당신이 드린 기도가 어떤 기도였는지 생각해 봅시다. 주기도문의 간구 중에서 당신이 빼놓고 기도한 부분이 있습니까? 있다면 어떤 부분인지 서로 나눠 봅시다.

2. 평상시 기도하던 기도 제목의 우선순위는 무엇이었습니까?

_____

_____

적용을 위한 도움 글

주기도문 사역(私譯)

개역성경의 주기도문을 더 잘 이해하는 데 도움이 될만한 주기도문 사역 가운데 하나입니다.

하늘에 계신 우리 아버지,
아버지의 이름이 거룩하여지게 하시며
아버지의 나라가 오게 하시며
아버지의 뜻이 하늘에서와 같이
이 땅에서도 이루어지게 하소서
오늘 우리에게 일용할 양식을 주시고
우리에게 잘못한 이를 우리가 용서하였사오니
우리 죄를 사하여 주시고
우리를 유혹에 빠지지 않게 하시고
악에서도 건져 주소서
나라와 권능과 영광이
영원히 아버지의 것이옵니다. 아멘.

- 임영수, 「주기도문 학교」, 홍성사 중에서 -

메시지

참된 기도, 믿음의 기도에서 빠뜨릴 수 없는 요소는 바로 하나님에 대한 묵상입니다. 대부분의 사람들은 기도는 단지 요구하는 것이라고 생각합니다. 그러나 참된 기도는 하나님과의 깊은 교제 속에서 이루어지는 대화입니다. 때로는 내 아픔을 이야기하고 나의 소원을 아뢰기도 하겠지만, 그분을 찬양하고 그분에게 사랑을 고백하는 것이 기도입니다. 그리고 하나님의 영광을 바라보며, 하나님의 모든 성품과 그분이 행하신 일들을 묵상하고 찬양해야 합니다. 그분이 하신 일들, 그분의 성품들을 우리 마음에 되새길 때 우리는 마음에 새로운 용기와 희망을 얻습니다. 세상이 줄 수 없는 평안을 얻고 담력을 얻습니다. 주기도문은 예수님께서 우리에게 가르쳐 주신 기도입니다. 주기도문에는 하나님을 위한 기도와 우리의 필요를 아뢰는 기도가 조화롭게 담겨 있습니다. 주님께서 가르쳐 주신 이 기도로 날마다 영적인 성장을 이루어 가십시오.

하늘에 계신(기도의 대상 I)

찬송: 447장
본문: 마태복음 6:9-13
요절: 마태복음 6:9

⁹그러므로 너희는 이렇게 기도하라 하늘에 계신 우리 아버지여 이름이 거룩히 여김을 받으시오며 ¹⁰나라이 임하옵시며 뜻이 하늘에서 이룬 것같이 땅에서도 이루어지이다 ¹¹오늘날 우리에게 일용할 양식을 주옵시고 ¹²우리가 우리에게 죄 지은 자를 사하여 준 것같이 우리 죄를 사하여 주옵시고 ¹³우리를 시험에 들게 하지 마옵시고 다만 악에서 구하옵소서(나라와 권세와 영광이 아버지께 영원히 있사옵나이다 아멘)

▇ 도입글

우리의 기도 대상이 되시는 분은 하나님이십니다. 본문을 보면 하나님은 "하늘에 계신" 하나님으로 고백되고 있습니다. 그런데 우리가 믿는 하나님은 정말 하늘에만 계신 분일까요? 하나님은 우리가 살고 있는 이곳, 즉 '땅'에도 계십니다. 하나님은 무소부재하신 분입니다. 그렇다면 구태여 "하늘에 계신" 하나님이라고 부르는 이유는 무엇입니까? 그리고 하늘에 계신 하나님은 어떤 하나님을 말하는 것입니까? 오늘은 본문 말씀을 통해 "하늘에 계신" 하나님에 대해 알아보도록 합시다.

여는 질문

1. 우리가 드리는 기도의 대상은 "하늘에 계신" 하나님이십니다. "하늘에 계신 우리 아버지여"라고 기도를 시작할 때 떠오르는 이미지는 무엇입니까?

_____
_____

2. 하나님이 하늘에 계시다는 고백의 의미는 무엇입니까?

_____
_____

본론

하나님이 하늘에 계시다고 고백했을 때, 하늘의 의미는 무엇입니까? 다음 본문들을 읽고 하늘의 의미를 말해 봅시다.

1. **하늘을 창조하신 분은 하나님이십니다.** 그러므로 하나님은 하늘이라는 특정 장소에 얽매이는 분이 아니라 모든 만물을 창조하시고, 그 위에 계신 창조주이십니다.

   태초에 하나님이 (　　　)를 창조하시니라(창 1:1)

   하나님이 궁창을 (　　　)이라 칭하시니라 저녁이 되며 아침이 되니 이는 둘째 날이니라(창 1:8)

2. 또한 하나님은 세상과 사람들이 행하는 모든 일들을 주관하시는 분입니다.

오직 우리 하나님은 (   )에 계셔서 원하시는 모든 것을 행하셨나이다(시 115:3)

3. **하나님은 하늘뿐만 아니라 땅에도 거하시는 분입니다.** 시편 기자는 온 우주에 편재(遍在)하신 하나님을 고백하고 있습니다. 본문의 "하늘에 계신"이라는 구절은 단지 땅과 대비되는 개념의 하늘을 말하는 것이 아니라, 온 우주에 편재하신 하나님을 표현하고 있는 것입니다.

내가 주의 신을 떠나 어디로 가며 주의 앞에서 어디로 피하리이까 내가 (   )에 올라갈지라도 거기 계시며 (   )에 내 자리를 펼지라도 거기 계시니이다 내가 새벽 날개를 치며 바다 끝에 가서 거할지라도 곧 거기서도 주의 손이 나를 인도하시며 주의 오른손이 나를 붙드시리이다 내가 혹시 말하기를 흑암이 정녕 나를 덮고 나를 두른 빛은 밤이 되리라 할지라도 주에게서는 흑암이 숨기지 못하며 밤이 낮과 같이 비춰나니 주에게는 (   )과 (   )이 일반이니이다(시 139:7-12)

4. **하나님은 예배와 경외의 대상입니다.** 신뢰와 존경의 대상입니다. '하늘에 계신 하나님'이라는 고백은 우리가 하나님에 대하여 마땅히 품어야 할 마음 자세를 가르쳐 주고 있습니다.

여호와의 이름에 합당한 (　　　)을 돌리며 거룩한 옷을 입고 여호와께 경배할지어다(시 29:2)

오직 나는 (　　　)를 우러러보며 나를 구원하시는 (　　　)을 바라보나니 나의 하나님이 나를 들으시리로다(미 7:7)

> **해석을 위한 도움 글**
>
> 원어 해설: 하늘, 하늘들 – 우라노, 우라노이스
> 주기도문에서 "하늘 – 우라노"라는 표현은 두 번 나타나고 있습니다. "뜻이 하늘에서 이루어진 것같이"에서는 단수(하늘 – 우라노)로 사용되었고, 이때 하늘은 일정한 장소를 의미합니다. 오늘 공부하는 "하늘에 계신"이라는 구절에서는 복수(하늘들 – 우라노이스)로 사용이 되었는데, 이는 당시의 세계관을 반영합니다. 즉 삼층천의 모든 하늘을 말하며, 이것은 하나님이 이 세상 어디에나 계시다는 것을 의미합니다.

배우기

1. 하나님은 이 세상을 초월하여 계신 분

하나님은 하늘뿐만 아니라 이 땅에도 계십니다. 그런데 구태여 하늘에 계신 하나님이라고 부르는 이유는 무엇입니까? 그것은 하나님의 '초월성'을 강조하기 위해서 입니다. 하늘은 인간에게 있어서 미지의 세계, 초월의 세계입니다. 과학이 발달하지 않았던 시대의 사람들은 하늘을 성스러운 공간으로 이해했습니다. 그런 하늘에 계신 하나님은 무한하신 분입니다. 하나님은 온 우주 만물의 창조주가 되시기 때문에 우주에 한정되지 않으십니다. 그렇기 때문에 하나님은 우리를 능히 구원할만한 능력의 하나님이 되십니다.

2. 하나님은 이 세상 어디에나 계신 분

하나님은 저 멀리 하늘 위에, 사람의 손이 닿지 않는 곳에만 계시는 분이 아닙니다. 하나님은 땅에도, 이 낮고 낮은 곳에도 계십니다. 영광스러운 하나님은 가장 비천하고 낮은 고통 중에 있는 우리 가운데도 함께 계십니다. 요한복음의 제일 첫 장은 만물의 창조주가 되신 하나님이 육신이 되어 우리 가운데 오셨다고 전합니다. 하나님이 이 세상 어디에나 계시다는 고백은 하나님께서 늘 인간의 삶 가운데 함께 계시며 은혜와 자비를 베푸시는 분이라는 의미를 포함합니다.

> 말씀이 육신이 되어 (　　) 가운데 거하시매 우리가 그 영광을 보니 아버지의 독생자의 영광이요 (　　)와 (　　)가 충만하더라 (요 1:14)

적용을 위한 도움 글

하나님은 여기에

제2차 세계 대전 당시 한 유대인 포로 수용소에서 있었던 일입니다. 유대인 포로 중 한 명이 탈출하는 일이 발생했습니다. 독일군들은 보복으로 유대인 포로들을 수용소 연병장에 세워 놓고 무작위로 몇 명을 골라 교수형에 처했습니다. 교수형에 처해진 몇몇 유대인들 중에는 어린아이도 한 명도 끼어 있었습니다. 어른들은 금방 숨이 끊어졌지만 이 어린아이는 고통 속에 계속해서 몸부림을 쳤습니다. 너무나도 비참한 이 광경을 바라보던 한 유대인이 이렇게 중얼거렸습니다. "도대체 하나님은 어디에 계시는 거지?" 그때 옆에 섰던 사람이 나지막하게 대답했습니다. "하나님이 어디에 계시냐고? 바로 저기, 저 어린아이와 함께 계시잖아."

3. 하나님은 경외와 신뢰의 대상이 되어야 할 분

하나님이 하늘에 계시다는 고백에는 하나님이 경외의 대상이라는 뜻이 내포되어 있습니다. 우리가 하나님을 하늘에 계신 분이라고 고백하는 것에는 하나님은 영광 받기에 합당하신 분, 존경과 신뢰의 마음을 가지고 우러러 바라볼 분이라는 뜻이 담겨 있습니다.

적용 질문

1. 하늘에 계신 하나님은 크고 위대하신 분입니다. 당신은 이런 하나님의 능력을 신뢰하는 마음을 가지고 기도하십니까?

_____
_____

2. 당신은 기도할 때 하늘에 계신 하나님이 지금 내 곁에 계셔서 나를 인도하는 분이라는 믿음을 가지고 기도합니까?

_____
_____

3. 당신은 하나님을 향한 경외심을 가지고 기도합니까?

_____
_____

 메시지

여러분은 지금까지 기도하면서 우리의 기도 대상이 되시는 하나님을 어떻게 고백해 왔습니까? 주님은 우리에게 기도의 대상은 하늘에 계신 하나님이라고 가르쳐 주셨습니다. 하나님은 세상을 창조하신 창조주이시며, 세상의 주관자가 되십니다. 하나님은 인간의 지혜뿐만 아니라 온 세상을 초월하신 분입니다. 하나님의 능력은 무한하셔서 세상 그 어떠한 것에도 제한을 받지 않으십니다. 여러분은 하나님이 여러분의 기도를 들으시는 무한한 능력을 가지신 분이라는 사실을 기억하며 기도합니까? 또 그러한 하나님이 지금 이 시간에도 여러분 곁에 함께 계신다는 사실을 믿습니까? 여러분, 이제 경외와 신뢰를 가득 담은 마음으로 "하늘에 계신" 하나님을 불러 보십시오. 그러면 여러분의 기도하는 자세가, 기도하는 방향이, 기도하는 목적이 달라질 것입니다.

우리 아버지여(기도의 대상 II)

찬송: 16장
본문: 마태복음 6:9
요절: 마태복음 6:9

⁹그러므로 너희는 이렇게 기도하라 하늘에 계신 우리 아버지여 이름이 거룩히 여김을 받으시오며

도입글

주기도문은 기도의 대상이신 하나님을 부르는 것으로 시작됩니다. 기도의 대상이신 하나님은 "하늘에 계신 우리 아버지"입니다. 특히 하나님을 "우리 아버지"로 부르는 주기도문은 기도가 공식적이고 딱딱한 것이라는 선입관을 깨뜨립니다. 아이들이 부모를 부르듯 그렇게 자연스럽고 친근한 호칭으로 하나님을 부른다는 사실이 놀랍지 않습니까? 예수님은 제자들에게 하늘에 계신 하나님이 "우리 아버지"라고 가르쳐 주고 계십니다. 오늘 이 시간에는 "우리 아버지"이신 하나님에 대해 배우고자 합니다.

▦ 여는 질문

1. 당신은 일상생활에서 '우리'라는 말을 자주 사용합니까? 그렇다면 대체로 어떤 말 앞에 '우리'라는 말을 붙입니까?

   _____

   _____

2. 당신은 하나님을 '아버지'라고 고백할 수 있습니까? 하나님을 아버지라고 부를 때 당신은 어떤 마음을 갖게 됩니까?

   _____

   _____

▦ 본론

1. 아바 아버지

예수님은 우리에게 하나님을 "아바 아버지"라는 매우 친근한 표현으로 부를 것을 가르쳐 주십니다. 바울도 예수님의 가르침을 따라 하나님을 아바 아버지라고 불렀습니다.

> 가라사대 (   )여 아버지께는 모든 것이 가능하오니 이 잔을 내게서 옮기시옵소서 그러나 나의 원대로 마옵시고 아버지의 원대로 하옵소서 하시고(막 14:36)

> 너희는 다시 무서워하는 종의 영을 받지 아니하였고 양자의 영을 받았으므로 (   )라 부르짖느니라(롬 8:15)

너희가 아들인 고로 하나님이 그 아들의 영을 우리 마음 가운데 보내사 (   )라 부르게 하셨느니라(갈 4:6)

> **해석을 위한 도움 글**
>
> 원어 해설: 아바 – abba(아바 아버지)
> 하나님을 '아바'라고 부른 호칭은 예수님의 독특한 표현이었습니다. 성경에는 하나님을 표현하는 방식이 매우 다양하게 나타납니다. 예를 들면 만군의 여호와, 창조주 하나님, 목자이신 하나님, 농부(포도원의)이신 하나님, 왕이신 하나님, 신랑이신 (이스라엘의) 하나님 등입니다. 그러나 하나님을 '아빠'라고 친근하게 표현한 것은 예수님이 처음입니다.

2. 우리 아버지

예수님은 하나님을 "우리 아버지"라고 가르쳐 주십니다. 하나님은 저 멀리 나와 관계없이 존재하시는 분이 아니라 우리의 아버지가 되십니다. 또한 나만의 아버지가 아니라 우리 모두의 하나님 아버지이십니다.

그러므로 너희는 이렇게 기도하라 하늘에 계신 (   ) 아버지여 이름이 거룩히 여김을 받으시오며(마 6:9)

로마에 있어 하나님의 사랑하심을 입고 성도로 부르심을 입은 모든 자에게 하나님 (   ) 아버지와 주 예수 그리스도로 좇아 은혜와 평강이 있기를 원하노라(롬 1:7)

하나님 (　　)와 주 예수 그리스도로 좇아 은혜와 평강이 있기를 원하노라(고전 1:3)

바울은 그가 보내는 서신에서 반복적으로 하나님을 우리 아버지라고 부르고 있습니다. 다음 구절들을 찾아보십시오.
갈라디아서 1:4; 에베소서 1:2; 골로새서 1:2; 데살로니가후서 1:1; 빌립보서 1:2

배우기

본문은 기도의 대상이신 하나님을 부르는 것으로 시작됩니다. 기도의 대상이신 하나님이 누구신지 본문을 통해 다시 한번 배워봅시다.

1. '아바 아버지' 이신 하나님

주님이 가르쳐 주신 기도에서 첫 번째 만나는 단어는 바로 '아버지' 입니다. 원어로는 '아바' (Abba)입니다. 이 '아바' 라는 표현은 가정에서 어린아이들이 아버지를 부를 때 사용하는 호칭이었습니다. 즉 가정에서 어린아이들이 사랑과 신뢰의 대상이 되는 아버지를 가장 친밀하게 부르는 표현이 '아바' 라는 표현입니다. 우리말로 번역하면 '아빠' 라는 말이 됩니다. 어린아이들이 아버지를 '아빠' 라고 부를 때 얼마나 친밀하고 다정다감합니까? 주님은 이렇게 친밀하게 하나님을 부르며 기도하라고 하셨습니다.

너희가 (   ) 고로 하나님이 그 아들의 영을 우리 마음 가운데 보내사 (   )라 부르게 하셨느니라 (갈 4:6)

적용을 위한 도움 글

부모의 마음

어떤 왕이 나이 많은 노(老)재상에게 물었습니다.
"당신은 아버지가 돌아가셨을 때가 더 슬펐습니까, 아니면 자식이 죽었을 때가 더 슬펐습니까?
노(老)재상은 잠시 생각에 잠겼다가 이렇게 대답했습니다.
"아뢰옵기 황공하오나 어느 쪽이 더 슬펐는지는 알 수 없습니다. 그러나 전하께서 구태여 차이를 말씀하라고 하시면 이렇게 말씀드릴 수 있습니다. 아버지가 돌아가셨을 때에는 눈물의 안개 속에 가끔 뽀얗게 남산 끝머리가 보일락 말락했습니다. 그러나 자식이 죽었을 때에는 아무것도 보이지 않았습니다."

2. '우리' 아버지이신 하나님

하나님은 '나의 아버지'가 되시지만, 동시에 '우리의' 아버지이십니다. 하나님은 우리 모두에게 공평하신 분이라는 뜻입니다. 의인과 악인에게 똑같은 양의 비와 햇빛을 주시는 분은 바로 우리 아버지 되시는 하나님이십니다. 하나님을 아버지라 부르는 사람은 나를 제외하고도 세상에 많이 있습니다. 하나님의 자녀는 한국 땅에도, 미국 땅에도, 아프리카 땅에도 있습니다. 하나님을 아버지로 부르는 사람들은 모두 나의 형제요, 나의 자매입니다. 본래 기독교 신앙은 개인 중심적이지 않습니다.

그러므로 이제부터 너희가 외인도 아니요 손도 아니요 오직 성도들과 동일한 (   )이요 하나님의 (   )이라(엡 2:19)

그러므로 하나님을 '우리' 아버지라 부르는 우리는 나 자신만을 위해 기도해서는 안 됩니다. 나를 위한 기도를 하면서 이와 동시에 우리를 위한 기도를 할 수 있어야 합니다. 즉 개인적인 기도와 함께 중보의 기도를 할 수 있어야 합니다. 언제나 남을 위한 기도, 즉 중보의 기도를 쉬지 않는 성숙한 신앙인이 되고자 노력합시다.

적용 질문

1. 당신은 아버지이신 하나님께 친밀하게 기도하고 있습니까? 우리의 기도가 얼마나 친밀한지 서로의 경험을 나눠 봅시다.

_____

_____

2. 당신은 기도를 할 때 나 아닌 다른 사람을 위해 중보기도를 하십니까?

_____

_____

메시지

우리의 기도 대상이 되시는 분은 '아버지' 이신 하나님입니다. '아빠' 라고 부르는 것은 하늘과 땅을 지으신 하나님이 우리의 '아빠' 라는 뜻입니다. 그리고 그분의 모든 부요함을 자녀인 내가 상속받을 수 있음을 의미합니다. 상속받을 수 있다는 것은 결코 모자람이 없는 그 하나님의 부요함을 내가 쓸 수 있다는 뜻입니다. 피조물인 우리가 창조주이신 하나님의 부요함을 쓸 수 있다는 것은 얼마나 놀라운 사실입니까? 이렇게 하나님의 부요함을 쓸 수 있게 하는 행위가 바로 기도입니다. 또한 우리는 '우리' 아버지이신 하나님께 기도합니다. 이 땅의 모든 하나님의 자녀들은 모두 한 가족입니다. 우리는 기도할 때 이런 의식을 갖고 기도해야 합니다. 기도의 내용 역시 나만을 위한 기도뿐 아니라 '우리' 를 위한 기도를 해야 합니다.

4 이름이 거룩히 여김을 받으시오며

찬송: 43장
본문: 마태복음 6:9
요절: 마태복음 6:9

⁹그러므로 너희는 이렇게 기도하라 하늘에 계신 우리 아버지여 이름이 거룩히 여김을 받으시오며

▦ 도입글

우리 기도의 대상이 되시는 하나님을 향하여 처음 하는 기도는 "이름이 거룩히 여김을 받으시오며"라는 기도입니다. '이름이 거룩히 여김을 받는다' 는 것은 '이름이 영광을 받으신다', '이름이 높임을 받는다' 는 것을 의미합니다. 이름은 당사자의 인격을 반영하는 것입니다. 따라서 하나님의 이름이 거룩히 여김을 받는다는 것은 하나님을 거룩한 분으로 인정하고 그에 합당하게 대접한다는 뜻입니다. 그렇다면 어떻게 하는 것이 하나님의 이름이 거룩히 여김을 받게 되는 것입니까? 본문을 통해 살펴봅시다.

▦ 여는 질문

1. 당신의 이름이 가진 뜻을 말해 보십시오.

_____

_____

2. 당신은 당신의 말과 행동을 통해서 하나님의 이름을 높여 본 경험이 있습니까?

_____

_____

본론

1. 하나님의 이름

성경에는 하나님의 여러 이름들이 소개됩니다. 여호아, 엘로힘 등이 그 이름들입니다. 하나님께서는 모세가 하나님의 이름을 물었을 때 스스로 이름을 알려 주셨습니다. 다음 본문을 함께 살펴봅시다.

> 하나님이 모세에게 이르시되 나는 (　　) 있는 자니라 (출 3:14)

> 아브라함이 그 땅 이름을 (　　)라 하였으므로 오늘까지 사람들이 이르기를 여호와의 산에서 준비되리라 하더라 (창 22:14)

> 모세가 단을 쌓고 그 이름을 (　　)라 하고 가로되 여호와께서 맹세하시기를 여호와가 아말렉으로 더불어 대대로 싸우리라 하셨다 하였더라 (출 17:15-16)

기드온이 여호와를 위하여 거기서 단을 쌓고 이름을 (   )이라 하였더라 그것이 오늘까지 아비에셀 사람에게 속한 오브라에 있더라(삿 6:24)

2. 거룩한 하나님의 이름

하나님은 거룩하신 분이며 따라서 그의 이름은 거룩히 여김을 받아야 합니다. 성경은 하나님과 그의 이름, 더 나아가 그분의 자녀인 우리들도 거룩해야 한다고 말씀하고 있습니다. 다음 본문을 살펴봅시다.

너는 이스라엘 자손의 온 회중에게 고하여 이르라 너희는 (   )하라 나 여호와 너희 하나님이 거룩함이니라(레 19:2)

만군의 여호와가 이르노라 너희가 만일 듣지 아니하며 마음에 두지 아니하여 내 (   )을 영화롭게 하지 아니하면 내가 너희에게 저주를 내려 너희의 복을 저주하리라 내가 이미 저주하였나니 이는 너희가 그것을 마음에 두지 아니하였음이니라(말 2:2)

오직 너희를 부르신 거룩한 자처럼 너희도 모든 행실에 (   ) 한 자가 되라(벧전 1:15)

▦ 배우기

1. 하나님의 이름

이름은 대상을 부르기 위한 단순한 호칭이 아닙니다. 이름은 한 존재의 인격과 가치를 나타냅니다. 성경에 나타나는 하나님의 이름은 여호와, 엘로힘 등입니다. 이 외에도 하나님을 섬기던 개인이나 집단은 하나님에 대한 신앙고백으로 하나님의 이름을 부르기도 했습니다.

 모세가 하나님께 이름을 물었을 때 하나님은 "나는 스스로 있는 자"라고 대답하셨습니다(출 3:14).

그 외 하나님의 이름은 다음과 같습니다.

여호와 이레는 준비해 주시는 하나님이라는 뜻입니다(창 22:14).

여호와 닛시는 여호와는 나의 깃발이라는 뜻으로 승리하시는 하나님이라는 의미를 가지고 있습니다(출 17:15-16).

여호와 살롬은 평강의 하나님이라는 뜻입니다(삿 6:24).

해석을 위한 도움 글

하나님의 이름의 뜻
- 여호와: 하나님께서 스스로 알려 주신 이름
- 엘로힘: 권능의 하나님
- 엘론: 예배를 받으시는 높으신 하나님
- 엘샤다이: 위로와 축복의 하나님
- 아도나이: 모든 만물의 통치자이신 하나님

하나님의 이름은 하나님의 존재와 권능, 거룩과 신성을 드러냅니다. 또한 하나님의 은혜와 권능을 경험한 이스라엘 백성들은 하나님의 위대한 사역을 경외하며 찬양하기 위해 하나님의 이름을 부르기도 했습니다. 즉 이스라엘 백성들이 불렀던 하나님의 이름은 곧 그들의 신앙고백이 되기도 했습니다.

2. 거룩한 하나님의 이름

주기도문의 첫 번째 간구는 "이름이 거룩히 여김을 받으시오며"라는 기도입니다. 이것은 다른 어떠한 간구보다 앞서야 할 것이 하나님의 이름이 거룩히 여김을 받는 것이어야 한다는 가르침입니다. 이 간구는 우리의 기도와 신앙 생활의 초점이 무엇인지를 명확하게 보여 주고 있습니다.

1) 하나님은 우리에게 거룩할 것을 명령하고 계십니다. 그 이유는 무엇입니까?(레 19:2)

   레위기 19:2
   너는 이스라엘 자손의 온 회중에게 고하여 이르라 너희는 거룩하라 나 여호와 너희 하나님이 거룩함이니라

   _____

   _____

하나님이 거룩하신 분이기 때문에 그분의 자녀인 우리들도 거룩해야 합니다. 왜냐하면 우리가 거룩하지 못하다면 하나님의 이름을 거룩하게 할 수 없기 때문입니다.

2) 하나님의 이름을 거룩하게 하는 사람과 그렇지 못한 사람은 그 결과가 어떻게 다릅니까?(말 2:2)

말라기 2:2
만군의 여호와가 이르노라 너희가 만일 듣지 아니하며 마음에 두지 아니하여 내 이름을 영화롭게 하지 아니하면 내가 너희에게 저주를 내려 너희의 복을 저주하리라 내가 이미 저주하였나니 이는 너희가 그것을 마음에 두지 아니하였음이니라

_____

_____

하나님은 만홀히 여김을 받지 않으시는 분입니다. 성경은 마땅히 영화로워야 할 그 이름을 망령되이 일컫는다면 저주가 따를 것이라고 경고하고 있습니다. 신앙인의 제일 본분은 하나님의 이름을 영화롭게 하는 것입니다.

3) 성경은 반복해서 우리에게 거룩할 것을 요구하고 있습니다. 이유는 무엇입니까?(벧전 1:15)

베드로전서 1:5
오직 너희를 부르신 거룩한 자처럼 너희도 모든 행실에 거룩한 자가 되라

_____

_____

당신은 구체적인 말과 행위로 하나님의 이름을 높이는 일에 힘써야 합니다. 세상 사람들이 우리의 거룩함을 보고 우리를 부르신 이의 거룩함을 알도록 매사에 경건하십시오.

해석을 위한 도움 글

원어 해설: 거룩(히브리어로는 카도-쉬, 헬라어로는 하기아조 – 구별되다)

본문에 사용된 '거룩'은 '구별되다'라는 뜻입니다. 정결하고 깨끗하다는 뜻으로 창조주 하나님은 피조물들과 구별되는 분이며, 다른 신들과도 구별되는 참신이라는 의미를 가지고 있습니다. 우리말 국어사전에는 '거룩하다'라는 말을 '위대하고 성스럽다'고 정의하고 있습니다.

적용 질문

1. 온 세상에 주님의 이름이 높임을 받으시도록 우리가 구체적으로 기도해야 할 제목을 적어 보십시오.

_____

_____

2. 일상생활에서 우리의 어떠한 삶을 통해 하나님의 이름이 거룩하게 드러날 수 있습니까?

_____

_____

적용을 위한 도움 글

어느 날, 보나파르트 나폴레옹이 막사를 순찰하고 있었습니다. 그런데 한 막사에서 '보나파르트'라는 이름이 들리자 그는 호기심이 발동하여 막사 가까이로 다가섰습니다. 그런데 막사 안의 병사들은 보나파르트를 비난하는 이야기에 열중하고 있는 것이 아닙니까? 화가 난 나폴레옹은 그 병사들을 끌고 가서 자신을 비난한 이유를 따져 물었습니다. 그러자 그 중 한 병사가 자기들이 비난한 보나파르트는 나폴레옹이 아닌 자신들의 동료 병사 중 한 사람이라고 대답했습니다. 그러자 나폴레옹은 자신과 이름이 같은 문제의 보나파르트 병사를 불러 이렇게 명령했습니다. "너는 지금부터 네 행실을 고치든지, 아니면 네 이름을 바꾸든지 선택하라."

메시지

"이름이 거룩히 여김을 받으시오며"라는 기도는 하나님의 이름이 높임을 받으시길 간구하는 기도입니다. 우리는 이 땅에서 하나님의 이름이 높임을 받으시도록 기도해야 합니다. 하나님의 이름은 우리의 선한 행실과 거룩한 삶을 통해 거룩히 여김을 받습니다. 그러므로 우리는 우리의 삶을 위해 기도해야 합니다. 더 나아가 우리가 목숨을 다하여 하나님을 사랑하며 살 때 주님의 이름은 거룩히 여김을 받습니다. 히브리어로 '순교자'라는 말은 '키두스 하셈'

이라고 합니다. 이 말은 '이름을 거룩히 한다'는 뜻을 가지고 있습니다. 우리가 순교자의 각오로 살아갈 때 하나님의 이름은 거룩히 여김을 받습니다. 그러므로 우리는 날마다 우리의 기도를 통해, 우리의 말과 행위를 통해 하나님의 이름이 높이 여김을 받도록 힘써야 합니다.

나라이 임하옵시며 5

찬송: 248장
본문: 마태복음 6:10
요절: 마태복음 6:10

¹⁰나라이 임하옵시며 뜻이 하늘에서 이룬 것같이 땅에서도 이루어지이다

도입글

주님은 우리에게 "나라이 임하옵시며"라는 기도를 가르쳐 주셨습니다. 여기서 '나라'는 '하나님 나라', 혹은 '하늘 나라'를 가리킵니다. 우리는 자주 '예수 믿고 천국 간다'는 말을 들어 왔습니다. 그래서 우리는 '하나님 나라'라고 하면 지극히 내세적인 것으로 이해하고, 죽어서 가는 어떤 곳으로만 생각하는 경향이 많습니다. 물론 그러한 의미도 포함되어 있습니다. 그러나 주기도문에서는 좀 더 폭넓은 의미를 가지고 있습니다. 그러면 주기도문에서 말하는 '하나님 나라'의 의미는 무엇인지, 하나님 나라가 오게 해 달라는 기도는 무엇인지 함께 살펴봅시다.

여는 질문

1. 지금까지 당신이 이해하고 있던 '하나님 나라' 는 어떤 것을 의미합니까?

_____

_____

본론

1. 하나님 나라

구약성경에는 '하나님 나라' 라는 표현은 없습니다. 다만 하나님은 왕이시고, 하나님은 세상과 이스라엘 백성들을 다스리신다는 표현이 반복적으로 등장하는 것입니다. 따라서 신약성경의 첫머리에서 예수님이 선포하신 '하나님 나라' 라는 표현은 생소하게 보이지만 그 의미는 성경 전체를 관통하는 하나님의 주권을 나타내는 표현이라 할 수 있습니다. 다음 구절들을 통해 '하나님 나라' 의 의미를 살펴보십시오.

( )는 볼 수 있게 임하는 것이 아니요 또 여기 있다 저기 있다고도 못 하리니 ( )는 너희 ( )에 있느니라(눅 17:20-21)

그때에 ( )가 어린 양과 함께 거하며 ( )이 어린 염소와 함께 누우며 송아지와 어린 사자와 살찐 짐승이 함께 있어 어린 아이에게 끌리며 암소와 곰이 함께 먹으며 그것들의 새끼가 함께 엎드리며 사자가 소처럼 풀을 먹을 것이며 젖 먹는 아이가 독사의 구멍에서 장난하며 젖 뗀 어린아이가 독사의 굴에 손을 넣을 것이라 나의 거룩한 산 모든 곳에서 해됨도 없고 상함도 없을 것이니 이는 물이 바다를 덮음같이 (   )를 아는 지식이 세상에 충만할 것임이니라(사 11:6-9)

주의 성령이 내게 임하셨으니 이는 가난한 자에게 복음을 전하게 하시려고 내게 기름을 부으시고 나를 보내사 포로된 자에게 (   )를, 눈먼 자에게 다시 (   ) 함을 전파하고 눌린 자를 (   )케 하며 주의 은혜의 해를 전파하게 하려 하심이라 (눅 4:18-19)

2. 임하옵시며

예수님은 주기도문에서 하나님 나라가 임하기를 기도하라고 하셨습니다. 예수님의 이 가르침은 하나님의 통치와 하나님 나라의 질서가 우리 가운데 임하기를 기도하라는 말씀입니다. 다음의 본문을 살펴봅시다.

때가 찼고 (   )가 가까왔으니 회개하고 복음을 믿으라 하시더라(막 1:15)

■ 배우기

1. 하나님 나라

1) 하나님 나라의 의미는 단순한 영토의 개념이 아닌, 하나님의 주권이 미치는 모든 영역을 가리킵니다. 따라서 어떤 특정한 장소를 지칭하는 말이 아니라 하나님의 주권과 통치로

다스려지는 나라를 의미합니다. 주님은 이와 같은 하나님 나라가 임하도록 기도하라고 하셨습니다. 그럼, 구체적으로 하나님 나라는 어떤 나라입니까?

하나님 나라는 내 안에, 우리 안에 있습니다. 하나님 나라는 개인의 마음과 그 마음들이 모인 공동체 안에서 일어나는 신비한 임재입니다. 삶의 가치관이 바뀌고 내면의 변화가 넘쳐나면 그곳이 바로 하나님 나라입니다.

가정의 주인이 예수님처럼 되어 살아갈 때 그 가정은 곧 하나님 나라입니다. 더 나아가서 이 사회, 이 나라, 이 세상 곳곳에서 예수님이 삶의 주인이 되면 그곳이 바로 하나님 나라입니다.

2) 이 땅은 아담의 범죄로 말미암아 인간과 자연의 조화가 깨어진 상태로 있습니다. 그러나 하나님 나라가 임할 때 그 모든 것이 원래대로 회복됩니다. 그래서 진정한 평화와 사랑이 넘치는 새로운 모습이 실현됩니다. 일찍이 이사야 선지자가 예언했던 주님이 통치하시는 아름다운 새 세상이 열리는 것입니다.

3) 주님이 통치하시는 하나님 나라는 예수님이 이 땅에 오심으로 시작되었습니다(누가복음 4장 참조).

해석을 위한 도움 글

원어 해설 : 나라(바실레이아 – 왕권, 왕의 통치)
주기도문에 나오는 '나라'를 뜻하는 '바실레이아'라는 단어는 일반적으로 왕권, 혹은 왕의 통치를 가리키는 말입니다. 보통의 경우 나라나 왕국은 영토를 뜻하지만, 여기서는 단순히 영토만을 뜻하지는 않습니다. 주기도문에서 사용된 '나라'는 통치권, 특히 하나님에 의한 지배와 통치가 이루어지는 나라를 의미합니다. 다시 말하면 하나님이 다스리시는 영토라는 단순한 의미를 넘어서서, 하나님의 지배와 통치가 이루어지는 상태를 말합니다.

2. 임하옵시며

"나라이 임하옵시며"를 원어 성경을 토대로 하여 다시 번역하면 '하나님 나라가 오게 하옵소서'라는 표현입니다. 다시 말해서 이 기도는 하나님의 나라가 '오기'를 구하는 기도입니다. 여기서 '온다'는 것의 의미는 다른 곳에서 이곳으로 온다는 것을 말합니다. 즉, 인간 세상 바깥에서부터 안으로 침투하여 들어온다는 말입니다. 그러므로 하나님 나라가 '온다'는 것은 하나님 나라가 하늘에서부터 이 땅으로 온다는 것을 의미합니다. 예수님이 이 땅에 오심으로 인하여 하나님 나라는 이미 시작되었습니다.

그런데 예수님이 오심으로 시작된 하나님 나라는 아직 완전하게 실현되지는 않았습니다. 지금 우리는 십자가의 승리와 종말 사이에 있습니다. 그러므로 우리는 이 세상에 하나님 나라가 임하도록 기도해야 합니다.

 적용 질문

1. 당신은 이 땅의 어둡고 악한 현실을 보면서, 그곳에 하나님 나라가 임하기를 기도하십니까? 지금 생각나는 곳이 있다면 함께 나눠 봅시다.

_____
_____

2. 당신이 속해 있는 가정, 학교, 직장 등에는 하나님의 통치를 받는 하나님 나라가 임하였습니까? 하나님 나라가 임하기 위해 당신이 해야 할 일은 무엇입니까?

_____
_____

메시지

주님은 '하나님 나라'가 이 땅에 임하도록 기도하라고 하셨습니다. 예수님의 이 가르침을 따라 우리는 하나님의 통치가 이 땅에 실현되도록 기도해야 합니다. 이 땅에 하나님 나라가 임하도록 기도하는 사람들은 '만물을 새롭게 하셨다'는 하나님의 약속을 믿는 사람들입니다. 하나님 나라를 소망하는 우리는 그 나라와 관련된 약속을 믿고, 그 실현을 고대하며 시속석으로 기도해야 합니다.

하나님의 통치가 임하면 각종 질병, 기아, 공해, 죽음으로 가득한 곳이 주님의 다스림으로 새로이 변화됩니다. 어둠의 권세가 궤멸되고 정치적 억압에서 해방되며, 부정과 부패가 난무한 곳이 하나님 나라의 질서로 새로이 세워집니다. 우리가 살고 있는 이 역사의 지평은 매우 어둡습니다. 그럼에도 불구하고 하나님의 약속을 믿는 우리는 그 어둠의 지평 저쪽에 환하게 동터 오는 새 날을 봅니다. 그러므로 우리에게는 언제나 희망이 있습니다.

6

뜻이 하늘에서 이룬 것같이 땅에서도 이루어지이다

찬송 : 217장
본문 : 마태복음 6:10
요절 : 마태복음 6:10

> ¹⁰나라이 임하옵시며 뜻이 하늘에서 이룬 것같이 땅에서도 이루어지이다

■ 도입글

예수님은 우리에게 세 번째로 "뜻이 하늘에서 이룬 것같이 땅에서도 이루어질 수 있도록" 기도하라고 하셨습니다. 여기서 하나님의 '뜻'은 하나님의 '소원'이라고 할 수 있습니다. 주님은 하나님의 소원이 이 땅 위에서 이루어지도록 기도하라고 하셨습니다. 하나님의 소원이 어떤 것인지 우리는 성경을 통해 발견할 수 있습니다. 그럼 하나님의 소원은 무엇입니까? 함께 살펴보면서 주님이 가르쳐 주신 기도의 내용을 알아봅시다.

■ 여는 질문

1. 당신의 소원은 무엇입니까? 하나님의 소원이 무엇인지 생각해 보셨습니까?

2. 본문에서 말하는 하늘과 땅에는 어떤 차이가 있습니까?

■ 본론

하나님의 뜻이 이 땅 위에서 이루어지도록 기도하기 위해서는 먼저 성경을 통해 하나님의 뜻이 무엇인지 살펴보아야 합니다.

1. 하나님의 뜻

나를 보내신 이의 (　　)을 행하려 함이니라 나를 보내신 이의 (　　)은 내게 주신 자 중에 내가 하나도 잃어버리지 아니하고 마지막 날에 다시 살리는 이것이니라(요 6: 39)

하나님의 뜻은 이것이니 너희의 (　　)이라(살전 4:3)

2. 하늘에서 이룬 것같이 땅에서도 이루어지이다(뜻의 성취)

내가 들으니 보좌에서 큰 음성이 나서 가로되 보라 하나님의 장막이 사람들과 함께 있으매 하나님이 저희와 함께 거하시리니 저희는 하나님의 백성이 되고 하나님은 친히 저희와 함께 계셔서 모든 눈물을 그 눈에서 씻기시매 다시 (　　)이 없고 (　　)하는 것이나 (　　)하는 것이나 (　　) 것이 다시 있

지 아니하리니 처음 것들이 다 지나갔음이러라(계 21:3-4)

나의 원대로 마옵시고 (   )의 (   )대로 하옵소서(막 14:36)

해석을 위한 도움 글

원어 해설: 뜻(델렘마 – 의지)
'뜻'이라는 말에 해당하는 헬라어는 '델렘마'로 영어의 'will', 즉 의지를 뜻합니다. 하나님의 '뜻'은 의지를 의미하며 성취를 지향합니다. 하나님은 당신의 소원을 이루기 원하시며, 또 그것은 반드시 이루어집니다. 따라서 예수님은 이러한 하나님의 뜻이 이루어지기를 우리들도 함께 기도해야 한다고 말씀하셨고, 이러한 기도는 하나님의 뜻과 소원의 성취에 우리도 동참해야 한다는 것을 가르쳐 줍니다.

배우기

1. 하나님의 뜻

1) 하나님의 뜻은 죽을 수밖에 없는 자들을 살려내는 것입니다. 죽어 가는 생명을 살리는 것, 영원한 생명을 얻게 하는 것. 이것이 바로 하나님의 간절한 소원입니다. 예수님은 요한복음 6:39에서 예수님이 오신 이유가 "하나님의 뜻을 행하려 함"이며, 하나님의 뜻은 "내게 주신 자 중에 내가 하나도 잃어 버리지 아니하고 마지막 날에 다시 살리는 것"이라

고 말씀하셨습니다. 즉, 하나님의 뜻 가운데 으뜸은 우리의 구원입니다.

2) 또한 하나님의 뜻은 우리가 거룩한 삶을 사는 것입니다.
하나님은 우리에게 거룩함을 요구하십니다. '거룩하다'의 의미는 구별되어 있음을 의미합니다. 하나님은 우리가 이 세상 가운데서 구별된 거룩한 삶을 살기를 원하십니다.

2. 하늘에서 이룬 것같이 땅에서도 이루어지이다(뜻의 성취)

1) 하늘의 현실과 땅의 현실은 다릅니다. 지금 우리에게 처한 현실은 하늘의 현실과 많은 차이를 보이고 있습니다. 이 세상에 하나님의 뜻과 어긋나는 경우가 얼마나 많습니까? 그러므로 우리는 이와 같은 차이가 없어질 것을 위해서 기도해야 합니다.

2) 하나님의 뜻이 이 땅 위에 이루어지는 방식은 예수님의 겟세마네 동산 기도에서 찾아볼 수 있습니다.
예수님께도 '나의 뜻'이 있었습니다. 그러나 예수님은 '나의 뜻'을 주장하지 않으시고 철저하게 '하나님의 뜻'을 따라 기도하셨습니다. 오직 하나님의 뜻만이 이루어지도록 기도하셨습니다.

적용 질문

1. 당신이 스스로 품고 있는 소원을 말해 보십시오. 또한 하나님께서 당신을 향해 어떤 소원을 품고 계실지 생각해 보십시오.

2. 이 땅에 이루어져야 할 하나님의 뜻은 무엇일까요? 구체적으로 말해 보십시오. 그리고 그 뜻을 이루기 위해 당신이 해야 할 일은 무엇입니까?

적용을 위한 도움 글

아버지의 뜻

열심히 농사를 지으며 살던 한 농부가 늙고 병이 들어 곧 죽게 되었습니다. 그런데 농부는 자신이 세상을 떠나고 나면 아들들이 자신처럼 열심히 농사를 짓지 않고 땅마저 팔아버릴 것만 같았습니다. 걱정을 하던 농부는 아들들을 불러 놓고 이렇게 말했습니다. "내가 죽거든 밭에 묻어 둔 보물을 찾아내어 행복하게 살도록 하여라. 많은 보물이 땅 속에 묻혀있을 것이다." 농부가 세상을 떠나자, 아들들은 밭에 달려가 흙을 파헤쳤습니다. 그러나 아무리 땅 속을 파헤쳐도 보물은 나오지 않았습니다. 그렇지만 땅을 열심히 파헤친 결과, 그 해 농사는 풍년이었습니다. 그제서야 아들들은 아버지의 뜻을 깨닫고, 열심히 일을 하며 행복하게 살았습니다.

메시지

하나님의 뜻은 이 땅에 죽어가는 생명을 살리는 것과 영원한 생명을 얻게 하는 것입니다. 또한, 하나님의 뜻은 우리가 거룩한 삶을 사는 것입니다. 하나님은 지금도 만물을 새롭게 하시는 창조의 역사를 이루어가고 계십니다. 거기에는 우리 한 사람 한 사람은 물론이고 우리 가정, 우리 나라, 이 우주 전체가 포함되어 있습니다. 우리는 하나님의 약속을 바라보면서 오늘도 하나님의 뜻이 이 땅 위에 이루어지도록 기도해야 합니다. 우리가 이렇게 기도하는 것은 우리 마음에 하나님의 뜻을 이루려 하는 소원이 있기 때문입니다. 하나님께서는 지금도 당신의 기쁘신 뜻을 위해 우리 가운데 소원을 두고 행하고 계십니다(빌 2:13). 그러므로 우리는 하나님의 그 기쁘신 뜻이 이 땅 위에 실현되도록 자원하는 마음으로 기도해야 합니다. 하나님의 뜻을 이루기 위해 예수 그리스도의 십자가가 불가피했듯이, 당신도 주님의 십자가를 바라보며 하루하루 헌신의 자리로 나아가십시오.

7

오늘날 우리에게
일용할 양식을 주옵시고

찬송 : 235장
본문 : 마태복음 6:11
요절 : 마태복음 6:11

11 오늘날 우리에게 일용할 양식을 주옵시고

도입글

앞서 살펴본 바와 같이 주기도문은 크게 두 부분으로 나누어져 있습니다. 앞부분은 '하나님'과 관련된 부분이고, 뒷부분은 '우리'와 관련된 부분입니다. 우리는 앞의 세 가지 간구를 살펴보면서 '하나님'에 관한 부분을 알아보았습니다. 이제부터는 '우리'에 관한 부분을 알아보고자 합니다. '우리'에 관한 부분에는 우리의 먹을 양식, 우리의 죄, 우리의 시험, 우리의 악을 담고 있습니다. 이 가운데 제일 첫 번째로 나오는 기도는 "양식을 주옵소서"입니다. 그만큼 양식을 구하는 기도는 우리의 기도 내용 중 아주 중요한 부분을 차지합니다. 그럼 구체적으로 양식을 구하는 기도는 어떤 기도를 말하는 것입니까? 함께 살펴봅시다.

■ 여는 질문

1. 오늘 당신에게 가장 필요한 것은 무엇입니까?
_____
_____

2. 당신이 얻기 위해 애쓰는 것들 중에 꼭 필요하지 않은 것들은 없는지 살펴보고 서로의 경험과 생각을 나눠 봅시다.
_____
_____

■ 본론

1. 오늘날 우리에게 일용할

일용이라는 말은 그 날 하루에 필요한 양을 말합니다. 다음 본문을 통해 하나님이 원하신 일용의 의미를 살펴봅시다.

곧 허탄과 거짓말을 내게서 멀리 하옵시며 나로 가난하게도 마옵시고 부하게도 마옵시고 오직 필요한 (　　　)으로 내게 먹이시옵소서 혹 내가 배불러서 하나님을 모른다 여호와가 누구냐 할까 하오며 혹 내가 가난하여 도적질하고 내 하나님의 이름을 욕되게 할까 두려워함이니이다(잠 30:8-9)

여호와께서 이같이 명하시기를 너희 각 사람의 (　　　)대로 이것을 거둘지니 곧 너희 인수대로 매명에 한 오멜씩 취하되 각 사람이 그 장막에 있는 자들을 위하여 취할지니라 하셨느니라 이

스라엘 자손이 그같이 하였더니 그 거둔 것이 많기도 하고 적기
도 하나 오멜로 되어 본즉 많이 거둔 자도 남음이 없고 적게 거둔
자도 부족함이 없이 각기 (   )대로 거두었더라(출 16:16-18)

만일 형제나 자매가 헐벗고 (   )이 없는데 너희 중에 누구든
지 그에게 이르되 평안히 가라, 더웁게 하라, 배부르게 하라 하며
그 몸에 쓸 것을 주지 아니하면 무슨 이익이 있으리요 이와 같이
(   )이 없는 믿음은 그 자체가 죽은 것이라(약 2:15-17)

2. 양식을 주옵시고

주기도문에 나오는 양식이라는 말은 본래 유대인들의 주식이
었던 빵을 의미합니다. 그러나 여기서 말하는 양식은 단순한
먹을거리 그 이상의 의미를 담고 있습니다. 다음의 본문을 통
해 양식의 여러 가지 의미를 살펴봅시다.

이제 주린 자는 복이 있나니 너희가 (   )을 얻을 것임이요
이제 우는 자는 복이 있나니 너희가 웃을 것임이요(눅 6:21)

사람이 떡으로만 살 것이 아니요 하나님의 입으로 나오는 모든
(   )으로 살 것이라(마 4:4)

그가 또 내게 이르시되 인자야 너는 받는 것을 먹으라 너는 이
(   )를 먹고 가서 이스라엘 족속에게 고하라 하시기로 내가
입을 벌리니 그가 그 (   )를 내게 먹이시며 내게 이르시되 인
자야 내가 네게 주는 이 (   )로 네 배에 넣으며 네 창자에 채

우라 하시기에 내가 먹으니 그것이 내 입에서 달기가 꿀 같더라 (겔 3:1-3)

해석을 위한 도움 글

원어 해설(오늘날, 일용할, 양식)

1. 오늘날(세메론 – 오늘): 우리말에서 오늘과 오늘날의 의미는 다릅니다. '오늘날'은 시대라는 의미를 강하게 담고 있습니다. 예를 들면 오늘날은 오늘의 시대, 최근 시대, 당대의 의미로 사용됩니다. 그러나 원어의 뜻은 '오늘' 입니다. 영어로는 'this day', 'today'로 번역됩니다.

2. 일용할(에피우시온 – 필요한): 이 단어의 의미는 '필요한', '존재에 필수적인', '오늘을 위한', '다음 날을 위한' 입니다. 우리말 성경 중 개역성경을 제외한 새번역성경, 공동번역성경, 표준새번역성경은 모두 "필요한 양식"으로 번역되었습니다.

3. 양식(알톤 – 빵): 본문의 '양식'은 헬라어로는 '알톤'으로 빵을 나타냅니다. 빵은 당시 유대인들의 주식이었습니다. 하지만 본문의 양식은 단순히 먹는 빵뿐만이 아니라, 더 넓은 의미에서 생명의 유지를 위해 필요한 모든 것들을 의미합니다.

▦ 배우기

1. 오늘날 우리에게 일용할

1) 일용할 양식이라는 말은 그 날에 족한 양식이라는 뜻입니다. 예수님은 오늘날 우리에게 일용할 양식을 구하라는 기도의 가르침을 통해 필요 이상의 것을 탐하는 마음을 경계하도록 하셨습니다.

2) 이스라엘 백성들은 가나안으로 향하는 광야 생활 가운데서 하나님의 놀랍고도 풍성한 은혜를 경험했습니다. 그러나 백성들은 끊임없이 더 많은 것을 갖기 원하는 욕심에서 헤어나지 못했습니다. 하나님은 만나를 주시면서 꼭 필요한 만큼만을 모으도록 당부하셨습니다. 그러나 어떤 사람들은 필요한 양보다 더 많이 모았다가 만나가 썩어 버리기도 했습니다. 일용할 양식, 즉 내 삶에 꼭 필요한 것들 보다 그 이상을 탐하는 마음은 하나님 앞에서 죄가 됩니다.

3) 여기서 '우리'는 하나님의 자녀 전체를 가리킵니다. 그러므로 이 기도는 공동체 전체를 염두에 두고 하는 기도입니다. '우리'에 속한 사람들 가운데는 일용할 양식이 있는 사람들도 있고 없는 사람들도 있습니다. 그러므로 우리는 일용할 양식이 없는 이들을 위해 기도할 수 있어야 합니다.

2. 양식을 주옵시고

1) 예수님은 우리에게 '양식'을 위해 기도하라고 하셨습니다. 여기서 말하는 양식에는 '육의 양식'과 '영의 양식'이 모두

포함됩니다.
먼저 예수님께서 양식을 위해 기도하라는 말씀은 당시의 가난한 백성들을 위한 간구였습니다. 즉 육의 양식을 위해서 기도하라는 말씀입니다. 매일매일 먹을거리를 위해 염려하며 일해야 했던 가난한 백성들에게 주님이 가르치신 기도는 매우 현실적인 기도였습니다.

2) 다음으로 예수님의 양식을 위해 기도하라는 말씀은 육의 양식뿐만 아니라 영의 양식을 위한 간구도 포함됩니다. 우리는 이 같은 사실을 성경이 말씀하고 있는 우리 인간의 모습을 통해서 확인할 수 있습니다. 성경은 인간을 영과 육으로 구분하여 갈라놓지 않습니다. 하나님께서는 인간을 창조하실 때 흙으로 인간의 육체를 지으신 후 그 육체에 생기를 불어넣으셨습니다. 이처럼 인간은 영과 육이 합쳐진 존재입니다. 그러므로 영과 육이 유지되기 위해서는 '육의 양식' 뿐만 아니라 '영의 양식' 또한 포함한다고 보아야 합니다. 우리는 성경 속에서 이와 같은 사실을 보다 구체적으로 확인할 수 있습니다.

예수님은 광야에서 마귀에게 시험받으실 때 육의 양식을 구하라는 마귀의 유혹에 대해 단호하게 말씀하셨습니다.

사람이 떡으로만 살 것이 아니요 하나님의 입으로 나오는 모든 (   )으로 살 것이라(마 4:4)

성경 곳곳에서는 하나님의 말씀을 육의 양식과 연결시켜서 말씀하고 있습니다. 우리는 영적인 생명을 유지하기 위해 '영의 양식'을 먹어야 합니다. 영의 양식은 하나님의 말씀입니다. 우리는 육의 양식과 더불어 하나님의 말씀을 먹는 삶을 살아야 하겠습니다.

■ 적용 질문

1. 당신에게 필요한 일용할 양식은 무엇입니까?
_____
_____

2. 사람이 떡으로만 살 수 없다는 말씀의 뜻은 무엇입니까? 또한 당신은 영의 양식을 얻기 위해 어떤 노력을 하고 있습니까?
_____
_____

적용을 위한 도움 글

죠지 뮬러의 기도

스위스에서 수 천 명의 고아들을 길러낸 고아들의 아버지, 죠지 뮬러는 기도의 사람으로도 유명합니다. 그는 일생 동안 기도에 대한 하나님의 응답을 5만 번이나 받았다고 합니다.

어느 날, 그가 운영하던 고아원에 먹을 양식이 떨어졌습니다. 당시는 제2차 세계 대전 이후라 무척 어려운 시기였습니다. 그러나 그는 이 어려움 속에서도 당황하지 않고 모든 원생들을 식당으로 모았습니다. 빈 접시를 식탁에 차려 놓고, 포크와 수저를 놓았습니다. 그리고 그는 아이들과 함께 눈을 감고 기도하기 시작했습니다.
"우리에게 일용할 양식을 주시는 하나님, 감사합니다. 오늘도 우리가 하나님의 뜻을 따라서 하루를 살게 하시고 항상 감사하는 마음을 잃지 않게 하여 주옵소서. 예수님의 이름으로 기도했습니다, 아멘!"
그 기도가 끝났을 때, 어떤 일이 생겼는지 아십니까?
마을의 빵장수가 빵을 가지고 고아원으로 들어왔습니다. 아침부터 빵을 굽는데, 자꾸만 '고아들에게 한 번쯤은 빵을 가지고 가야 할텐데…' 라는 생각이 머릿속에서 맴돌아 견딜 수 없어 그 아침에 구운 빵을 모두 가지고 왔다는 것입니다.
그리고 잠시 후에는 우유 배달원이 들어왔습니다. 우유를 가득 싣고 이웃 마을로 배달을 가다가 마침 고아원 앞에서 차가 고장이 났는데, 쉽게 차를 고치지는 못하겠고 시간을 더 허비하면 우유가 모두 상해서 먹을 수 없을 것 같아 이왕이면 고아원에 기부나 하려고 들어왔다는 것입니다.
그래서 고아들은 감사의 기도대로 식사를 하게 되었습니다.

메시지

예수님은 가난으로 굶주린 백성들의 처지를 잘 알고 계셨습니다. 그래서 기도를 통해 일용할 양식을 구하라고 말씀하셨습니다. 그러나 예수님의 이 가르침은 배부르고 탐욕스러운 자들에 대한 경계의 메시지도 담고 있습니다. 생존을 위해 꼭 필요한 것 이상을 탐하지 말라는 것입니다. 우리는 일용할 양식을 구하는 기도를 통해서 나의 양식뿐만 아니라, 다른 이들과 함께 양식을 나누는 일에도 관심을 기울여야 합니다. 또한 예수님은 단순히 육의 양식을 구하는 것을 넘어서서 영의 양식도 함께 구해야 한다고 가르치고 계십니다. 사람은 떡으로만 사는 존재가 아니라는 것입니다. 당신은 당신의 삶 속에서 육의 양식뿐만 아니라 영의 양식을 얻기 위해서도 애써야 합니다. 기도와 묵상을 통해, 경건과 예배를 통해, 봉사와 나눔을 통해 우리는 영의 양식을 얻을 수 있을 것입니다. 날마다 영의 양식을 구함으로 육과 영이 함께 건강하고 성숙하는 신앙인이 됩시다.

우리가 우리에게 죄 지은 자를 사하여 준 것같이

8

찬송: 278장
본문: 마태복음 6:12
요절: 마태복음 6:12

¹²우리가 우리에게 죄 지은 자를 사하여 준 것같이 우리 죄를 사하여 주옵시고

도입글

주님은 "우리가 우리에게 죄 지은 자를 사하여 준 것같이" 우리 죄를 사하여 주시도록 기도하라고 하셨습니다. 이 기도는 우리 죄를 용서해 주시도록 기도하기 전에 이웃에 대한 용서가 먼저 선행되어야 함을 일깨워 줍니다. 즉, 예수님은 이웃에 대한 용서의 기도를 먼저 드린 후에 하나님의 용서를 구하라고 말씀하셨습니다. 이 기도문을 통해 당신은 용서의 경험이 필요하다는 것을 배울 수 있을 것입니다. 그러면 예수님이 용서를 강조하신 이유를 함께 살펴봅시다.

여는 질문

1. 주변에 미워하는 사람이 있습니까? 그 사람이 미운 이유는 무

엇입니까?

_____
_____

2. 용서의 경험이 있다면 서로 나눠 봅시다. 그리고 아직 용서하지 못한 사람이 있다면 그 사람은 용서하기 위해 필요한 것은 무엇이라고 생각하십니까?

_____
_____

본론

1. 용서의 대상

예수님은 이웃이든 원수이든 누구든지 혐의가 있으면 모두 용서하라고 하셨습니다. 다음 본문을 통해 용서해야 할 대상을 찾아봅시다.

누가 뉘게 혐의가 있거든 서로 (　　)하여 피차 용서하되 주께서 너희를 (　　)하신 것과 같이 너희도 그리하고(골 3:13)

또 네 (　　)을 사랑하고 네 (　　)를 미워하라 하였다는 것을 너희가 들었으나 나는 너희에게 이르노니 너희 (　　)를 사랑하며 너희를 핍박하는 자를 위하여 기도하라(마 5:43-44)

2. 용서의 이유

우리가 우리에게 잘못한 모든 이들을 용서해야 하는 이유는 무엇입니까? 그것은 바로 우리 자신이 용서받은 죄인이기 때문입니다. 다음 본문을 통해 우리가 마땅히 용서해야 할 이유를 찾아 나눠 봅시다.

이러므로 천국은 그 종들과 회계하려 하던 어떤 임금과 같으니 회계할 때에 일만 달란트 빚진 자 하나를 데려오매 갚을 것이 없는지라 주인이 명하여 그 몸과 처와 자식들과 모든 소유를 다 팔아 갚게 하라 한대 그 종이 엎드리어 절하며 가로되 내게 참으소서 다 갚으리이다 하거늘 그 종의 주인이 불쌍히 여겨 놓아 보내며 그 (   )을 (   )하여 주었더니 그 종이 나가서 제게 백 데나리온 빚진 동관 하나를 만나 붙들어 목을 잡고 가로되 (   )을 갚으라 하매 그 동관(同官)이 엎드리어 간구하여 가로되 나를 참아 주소서 갚으리이다 하되 허락하지 아니하고 이에 가서 저가 (   )을 갚도록 옥에 가두거늘 그 동관들이 그것을 보고 심히 민망하여 주인에게 가서 그 일을 다 고하니 이에 주인이 저를 불러다가 말하되 악한 종아 네가 빌기에 내가 네 (   )을 전부 (   )하여 주었거늘 내가 너를 불쌍히 여김과 같이 너도 네 동관을 불쌍히 여김이 마땅치 아니하냐 하고 주인이 노하여 그 (   )을 다 갚도록 저를 옥졸들에게 붙이니라 너희가 각각 중심으로 (   )를 (   )하지 아니하면 내 천부께서도 너희에게 이와 같이 하시리라 (마 18:23-35)

3. 용서의 방법

우리는 어떻게 용서할 수 있을까요? 베드로의 질문에 대한 예수님의 대답을 통해 그 해답을 찾아 기록해 봅시다.

그때에 베드로가 나아와 가로되 주여 형제가 내게 죄를 범하면 몇 번이나 용서하여 주리이까 일곱 번까지 하오리이까 예수께서 가라사대 네게 이르노니 (   ) 번 뿐 아니라 (   ) 번씩 (   ) 번이라도 할지니라(마 18:21-22)

> **해석을 위한 도움 글**
>
> 원어 해설: 죄 – 하마르티아, 오페일렘마
> 주기도문에서 나타난 죄에 해당하는 단어는 '오페일렘마' 입니다. 이것은 빚(debts), 실수에 해당하는 말로 마태복음 18장에 나타난 빚진 자의 비유에서 사용된 빚과 같은 의미입니다. 이와 대조적으로 누가복음에서는 '하마르티아' 가 사용되고 있는데, 이는 화살이 과녁을 빗나간 상태를 뜻합니다. 즉 우리의 생각, 말, 행동 등이 하나님의 뜻에서 벗어난 것이 죄라는 것을 보여 줍니다.

■ 배우기

1. 용서의 대상

예수님은 이웃뿐만이 아니라 원수까지도 사랑해야 한다고 말씀하셨습니다. 사랑의 대상과 미움의 대상을 나누는 것이 온당치 못하며 모든 이들을 용납해야 한다는 말씀입니다.

나는 너희에게 이르노니 너희 (   )를 사랑하며 너희를 (   ) 하는 자를 위하여 기도하라(마 5:44)

2. 용서의 이유

오늘 말씀 마태복음 6:12에서 '이웃에 대한 용서'를 가르치신 예수님께서는 다시 한번 마태복음 6:14-15에서 이웃에 대한 용서를 강조하셨습니다. 그러므로 우리의 과실을 용서하여 주시기를 간구하기 전에, 먼저 다른 사람의 과실을 용서하는 것은 매우 중요합니다.

> 너희가 사람의 과실을 (   )하면 너희 천부께서도 너희 과실을 (   )하시려니와 너희가 사람의 과실을 (   )하지 아니하면 너희 아버지께서도 너희 과실을 (   )하지 아니하시리라(마 6:14-15)

> 너희가 각각 중심으로 형제를 (   )하지 아니하면 내 (   )께서도 너희에게 이와 같이 하시리라(마 18:35)

하나님은 죽을 수밖에 없는 우리의 죄를 용서하시고 영생을 얻도록 해 주셨습니다. 얼마나 놀라운 사실입니까? 우리는 도저히 갚을 수 없는 은혜를 입은 자들입니다.

해석을 위한 도움 글

일만 달란트와 일백 데나리온

일만 달란트는 무척 큰 금액의 돈입니다. 예수님 당시 갈릴리와 베뢰아 주민 전체가 로마 정부에 내는 1년 세금이 약 이백만 달란트였습니다. 그에 비해 백 데나리온은 비교할

> 수도 없는 작은 금액이었습니다. 한 데나리온은 당시 장정의 하루 품삯이었습니다. 예수님은 이렇게 엄청난 빚을 탕감해 준 임금과 작은 빚도 탕감해 주지 않았던 동관의 비유를 통해 우리가 마땅히 용서해야 할 이유를 말씀해 주고 계십니다.

3. 용서의 방법

베드로가 예수님께 몇 번이나 용서해야 하느냐고 묻자 예수님께서는 일흔 번씩 일곱 번이라도 용서하라고 대답하셨습니다. '7'은 완전을 뜻하는 숫자입니다. 용서하되 완전하게 용서하라는 말씀입니다. 겉으로는 용서하면서도 마음속으로는 아직도 분을 품고 있다면 완전한 용서가 아닙니다. 이처럼 예수님은 철저하고도 완전한 용서를 말씀하셨습니다.

예수께서 가라사대 네게 이르노니 (　　　) 뿐 아니라 일흔 번씩 (　　)이라도 할지니라(마 18:22)

▣ 적용 질문

1. 당신은 기도하기 전에 먼저 다른 사람의 과실을 용서하고 기도하십니까?

_____

_____

2. 당신은 용서하기 힘들 때 성령의 도우심을 간구하십니까?

_____

_____

> **적용을 위한 도움 글**
>
> ### 미움이 사라지면 …
>
> 악성 빈혈로 고생하는 한 여자가 있었습니다. 무려 반년이나 치료를 했지만 전혀 효과가 나타나지 않아, 의사는 입원 치료를 할 수밖에 없다는 결정을 내리고 일주일 후에 오도록 했습니다. 그런데 일주일이 지난 후 그녀는 건강한 혈색으로 병원에 왔습니다. 의사는 당장 그녀의 혈액을 검사했는데, 검사 결과 지극히 정상적인 건강 상태를 유지하고 있었습니다. 그녀는 "제가 한없이 증오하던 사람을 며칠 전에 용서했습니다. 바로 그때부터 기분이 좋아지고 삶에 긍정적인 욕망이 생겼습니다."라고 말했습니다.
>
> 인간은 태어나면서부터 사회에 소속됩니다. 모태로부터 1차적으로 어머니와 연관되며, 가족, 또래 집단, 더 나아가서는 국가의 일원, 세계의 일원으로 살아갑니다. 인간은 본능적으로 사랑하며 보살피고 베풀 때에 깊은 자부심을 느끼며, 누군가로부터 인정을 받을 때에 큰 기쁨을 누리도록 만들어졌습니다. 진정한 행복은 나 자신을 있는 그대로 인정하며 용납하고, 더 나아가서는 상대방의 잘못을 용서하고 사랑함에서 오는 것입니다.

 메시지

사람이 할 수 있는 일 중에 제일 어려운 일이 바로 미워하는 사람을 용서하는 일입니다. '은혜는 물에 새기고 원한은 돌에 새긴다'는 말에서도 알 수 있듯이 인간은 원한을 쉽게 풀지 못하는 본성을 가지고 있습니다. 은혜를 갚기 위해 평생을 보내는 사람은 그리 많지 않지만, 원수를 갚기 위해 평생을 보내는 사람은 흔히 볼 수 있습니다. 오늘날 지구촌 곳곳에서 일어나는 종족간의 분쟁도 서로 용서하지 못하기 때문에 발생하는 것입니다. 그러나 우리는 하나님으로부터 말로 다할 수 없는 빚을 탕감받은 자들로서 이웃의 죄를 용서할 수 있어야 합니다. 우리가 다른 사람을 용서한다는 것은 상대방의 과실을 없던 것으로 한다거나 잊어버리는 것을 의미하지 않습니다. 분명히 아픔과 상처가 있지만 더 이상 상대방의 실수와 잘못을 묶어 놓지 않고 해방시켜 주는 것을 의미합니다. 그리고 우리 자신도 그런 것들로부터 자유케 되는 것을 의미합니다. 이처럼 마음의 자유를 얻을 때, 우리는 진정 나의 죄를 용서해 주실 것을 간구할 수 있습니다.

우리 죄를 사하여 주옵시고

찬송 : 332장
본문 : 마태복음 6:12
요절 : 마태복음 6:12

¹²우리가 우리에게 죄 지은 자를 사하여 준 것같이 우리 죄를 사하여 주옵시고

도입글

영국의 유명한 기독교 문학가인 C.S. 루이스는 우리가 살고 있는 이 시대를 '구도 정신을 상실한 시대'라고 진단하였습니다. 그리고 그 증거 중의 하나로 현대인들이 더 이상 죄를 향한 진지한 접근이 없다는 사실을 지적하였습니다. 오늘날 '죄악'이라는 단어는 실종의 위기를 맞이하고 있습니다. 자기 죄 때문에 고민하고 아파하며, 죄를 극복하기 위해 눈물 흘리며 노력하는 사람이 그리 많지 않습니다. 그런데 예수님은 날마다 자신의 죄의 용서를 구하며 기도하라고 하셨습니다. 그렇다면 우리는 어떻게 해야 이러한 삶을 살 수 있습니까? 함께 알아봅시다.

■ 여는 질문

1. 주님은 날마다 죄의 용서를 구하는 기도를 하라고 하셨습니다. 당신은 매일 하나님의 용서를 구하며 기도하고 있습니까?

_____

_____

2. 누구로부터 잘못한 일을 용서받은 경험이 있습니까? 있다면 함께 나눠 봅시다.

_____

_____

■ 본론

1. 회개

예수님이 가르치신 "우리 죄를 사하여 주옵시고"라는 기도문은 회개와 용서를 의미합니다. 세례 요한과 예수님이 선포하신 회개를 다음 본문을 통해 살펴봅시다.

> 그때에 세례 요한이 이르러 유대 광야에서 전파하여 가로되 (　　)하라 (　　)이 가까왔느니라 하였으니(마 3:1-2)

> 이때부터 예수께서 비로소 전파하여 가라사대 (　　)하라 (　　)이 가까왔느니라 하시더라(마 4:17)

해석을 위한 도움 글

원어 해설: 회개 – 메타노이아
헬라어 '메타노이아'는 '마음과 생각의 변화', '죄로부터 돌이킴' 등의 뜻을 가지고 있습니다. 유대교에서는 기본적으로 하나님께 대한 사람의 태도 변화와 삶의 양식 변화를 의미하였습니다.

2. 용서하시는 하나님

하나님은 용서하기를 즐겨하시는 분입니다. 죄의 무겁고 가벼움을 가리지 않고 회개하는 모든 이들에게 용서의 은혜를 베푸시는 분이 우리의 아버지 되신 하나님입니다. 다음의 본문을 통해 용서하시는 하나님의 모습을 살펴봅시다.

> 악인은 그 길을, 불의한 자는 그 생각을 버리고 여호와께로 돌아오라 그리하면 그가 (   )히 여기시리라 우리 하나님께로 나아오라 그가 널리 (   )하시리라(사 55:7)

> 내가 너희에게 이르노니 이와 같이 죄인 하나가 (   )하면 하늘에서는 회개할 것 없는 의인 아흔아홉을 인하여 (   )하는 것보다 더하리라(눅 15:7)

해석을 위한 도움 글

원어 해설: 용서하다 – 아피엔타이 – 부채를 탕감해 주다
헬라어 '아피엔타이'는 '감옥에서 석방되다', '부채를 탕감해 주다'의 뜻을 가지고 있습니다. 전통적으로 유대인들은 죄 사함은 하나님만이 하실 수 있다고 생각해 왔습니다.

배우기

1. 회개

죄인이라는 말은 선뜻 받아들이기가 어렵습니다. 비록 오늘날 대부분의 신앙인들이 자신이 죄인이라고 인정하기는 하지만 깊이 죄책을 느끼지는 않습니다. 예수님은 주기도문을 통해 하나님께 용서를 구하라고 가르치고 계십니다.

회개하려면 자신의 죄를 깊이 성찰할 수 있어야 합니다. 바울은 스스로 죄인됨을 깨닫고 이렇게 탄식했습니다.

> 오호라 나는 (   ) 사람이로다 이 (   )의 몸에서 누가 나를 건져 내랴(롬 7:24)

스스로 죄인됨을 깨달으려면 영적으로 깨어 있는 삶을 살아야 합니다. 바울의 탄식은 영적으로 깊이 있게 자신을 돌아본 사람만이 할 수 있는 탄식입니다.

2. 용서하시는 하나님

하나님은 회개하는 모든 자를 용납하십니다. 하나님의 용서에는 조건이 없으며, 회개하는 모든 자들을 용서하십니다. 하나님은 죄인을 오히려 긍휼히 여기시며 그가 돌아서기를 안타깝게 기다리고 계십니다.

> 악인은 그 길을, 불의한 자는 그 생각을 버리고 여호와께로 돌아오라 그리하면 그가 (   ) 여기시리라 우리 하나님께 나아오라 그가 널리 (   ) 하시리라(사 55:7)

누가복음 15장에는 회개와 용서에 대한 예수님의 비유와 가르침이 나옵니다. 목자는 잃은 양 한 마리를 찾았을 때 기뻐합니다(눅 15:6). 돈을 잃은 여인은 잃은 한 드라크마를 찾았을 때 기뻐합니다(눅 15:9). 탕자의 아버지는 탕자가 돌아왔을 때 기뻐하며 잔치를 베풀었습니다(눅 15:32). 세 비유의 후반부에 반복되고 있는 기쁨의 이유는 잃어버린 것의 되찾음, 돌아옴에 있습니다.

죄인임을 깨닫게 될 때 우리는 절망하지만, 용서해 주시겠다고 약속하시는 하나님을 믿는 믿음으로 소망을 가질 수 있습니다. 회개는 하나님께 기쁨이 됩니다. 그리고 하나님은 즐거이 용서하십니다.

적용 질문

1. 당신은 자신이 죄인임을 스스로 인정하십니까?
   _____
   _____

2. 당신의 기도 생활에서 죄의 고백과 회개는 어느 정도의 비중을 차지합니까?
   _____
   _____

적용을 위한 도움 글

죄의 용서를 구하는 기도문

오 하나님! 우리는 주님의 위로를 받을 만한 가치가 없고, 영적인 안위를 받을 만한 자격도 없는 죄인입니다. 비록 저희들의 눈에서 바다같이 많은 눈물이 흐를지라도 주님의 위로를 받을 수 없사옴은 저희들이 선을 행치도, 하나님의 뜻에 순종치도 못하였고, 같은 죄를 자주 반복하여 짓기 때문입니다.

주님이시여, 저를 죄악과 멸망으로 이끄는 제 악한 본성에서 구원해 주옵소서. 제 마음속에서는 날마다 전쟁이 일어나고 있습니다. 제 속 사람은 '하나님의 법'을 즐거워 하지만, 제 겉 사람은 '죄악의 법' 아래로 끌어가고 있습니다. 저는 날마다 감각적인 욕망의 세계로 저를 이끄는 어두운 세력을 느낍니다.

주님의 은혜가 아니면 이 욕망의 세력에 대항할 수 없습니다.

주님! 겸손하게 상하고 통회하는 마음을 멸시치 않으시고, 오히려 유향의 향기보다 더 달콤한 향유로 받으심을 믿습니다. 저희들이 자주 범하는 악한 습관들을 눈물로 주님 발 아래 부어드리오니, 우리로 하여금 다시는 이런 악한 죄에 빠지지 않도록 도와 주옵소서. 주님의 발 아래 엎드려 통회할 때 모든 죄악들이 씻어지며, 우리가 진정한 자유를 누릴 수 있습니다.

주님의 은혜만이 마음의 빛이요, 고난의 위로요, 슬픔을 쫓아버리고, 두려움을 몰아내며, 경건한 신앙이 자라게 하며 습관적 죄에 대한 회개와 눈물을 마르게 할 수 있사옵니다. 주님의 은혜가 없다면 저희들은 한 조각의 마른 나뭇가지에 불과하며 단지 불속으로 던지우기에 마땅한 무익한 나뭇가지에 불과합니다. 주님, 주님의 은혜가 저를 인도하시사 하나님의 아들이신 예수 그리스도를 통하여 항상 선한 일에 힘쓰도록 저를 이끌어 주옵소서.
예수님의 이름으로 기도합니다. 아멘.

― 토마스 아 켐피스의 「그리스도를 본받아」 중에서 ―

메시지

우리 모두는 하나님 앞에서 죄인입니다. 그러나 스스로 죄인임을 깨닫고 죄를 고백하는 일은 그리 쉬운 일이 아닙니다. 하나님 앞에서 매일매일 스스로를 돌아보지 않는다면 결코 죄를 발견할 수도, 죄인임을 깨달을 수도 없습니다. 예수님은 우리의 깊은 곳에 감추어진 죄를 돌아보라고 말씀하십니다. 그리고 그 죄를 고백하고 회개하라고 말씀하십니다. 죄를 깨닫고 회개하라는 예수님의 말씀은 우리를 부끄럽게 만들기 위한 것이 아니라, 우리의 죄를 용서하시기 위함입니다. 죄를 고백하는 일은 고통스럽지만, 예수님은 그러한 죄의 상처를 치료하시고 싸매 주시겠다고 약속하셨습니다. 그리고 그 약속을 지키기 위해 십자가에 달리셨습니다. 그러므로 이제 모든 죄에서 돌이켜 회개하시기 바랍니다. 용서는 이미 약속되어 있습니다. 당신이 하나님께 용서를 구하는 기도를 할 때 당신의 삶 속에는 끝없이 용서하시고, 모든 것을 용서하시는 하나님의 은총이 넘칠 것입니다.

우리를 시험에 들게 하지 마옵시고 다만 악에서 구하옵소서

찬송 : 434장
본문 : 마태복음 6:13
요절 : 마태복음 6:13

13우리를 시험에 들게 하지 마옵시고 다만 악에서 구하옵소서(나라와 권세와 영광이 아버지께 영원히 있사옵나이다 아멘)

도입글

마틴 루터는 잠들기 전에 항상 "우리 죄를 사하여 주옵시고"라는 기도를 드렸고, 아침에 일어나면 "우리를 시험에 들게 하지 마옵시고"라는 기도를 드렸다고 합니다. 루터가 드렸던 기도는 끊임없이 유혹이 밀려드는 세상을 사는 그리스도인들에게는 매우 적절한 기도였습니다. 예수님께서도 시험을 당하신 적이 있으셨고, 그래서 우리를 넘어뜨리려는 사단의 노력이 얼마나 집요한 지 잘 알고 계셨습니다. 예수님은 주기도문의 마지막 청원으로 "시험에 들게 하지 마옵시고 다만 악에서 구하옵소서"라는 기도문을 가르치심으로 우리에게 유혹을 이길 것을 당부하고 계십니다. 오늘은 세상의 온갖 유혹을 이기고 성숙한 그리스도인으로 자라기 위해 시험과 악에 대해 알아봅시다.

여는 질문

1. 당신은 최근에 신앙 생활을 하면서 시험에 들었던 경험이 있습니까? 있다면 서로의 경험을 나눠 봅시다.

_____

_____

2. 악한 사람들로부터 괴로움을 당한 적이 있습니까? 서로의 경험을 나눠 봅시다.

_____

_____

본론

1. 우리를 시험에 들게 하지 마옵시고

본문에 나오는 시험은 '유혹'(temptation)을 가리킵니다. 이 시험(유혹)이 어떤 것인지 다음 본문을 통해 알아봅시다.

사람이 (　　)을 받을 때에 내가 하나님께 (　　)을 받는다 하지 말지니 하나님은 악에게 (　　)을 받지도 아니하시고 친히 아무도 (　　)하지 아니하시느니라(약 1:13)

오직 각 사람이 (　　)을 받는 것은 자기 욕심에 끌려 미혹됨이니 욕심이 잉태한즉 죄를 낳고 죄가 장성한즉 (　　)을 낳느니라(약 1:14-15)

> **해석을 위한 도움 글**
>
> 원어 해설: 페이라스몬 – 시험
> '시험'이란 단어는 헬라어로 '페이라스몬'이라고 합니다. 이 단어는 이중적인 의미로 쓰이는 단어입니다. 영어로 번역하면 하나는 'test'(시험)이고 다른 하나는 'temptation'(유혹)입니다. 본문에서 사용된 '시험'이란 단어는 'temptation'(유혹)의 뜻으로 사용되었습니다.

2. 다만 악에서 구하옵소서

본문에서 사용된 '악'이라는 단어는 '악한 사람'을 뜻합니다. 특히 시편에는 악한 자에게서 구원을 바라는 간구가 잘 나타나 있습니다.

여호와여 나를 내 (　　　)에게서 건지소서 내가 주께 피하여 숨었나이다(시 143:9)

가난한 자와 궁핍한 자를 구원하여 (　　　)들의 손에서 건질지니라 하시는도다(시 82:4)

다음 구절을 통하여 악으로부터의 구원이라는 의미를 살펴봅시다.

그리스도께서 하나님 곧 우리 아버지의 뜻을 따라 이 (   ) 세대에서 우리를 건지시려고 우리 죄를 위하여 자기 (   )을 드리셨으니(갈 1:4)

■ 배우기

1. 우리를 시험에 들게 하지 마옵시고

하나님은 사람을 시험하시되 유혹하시지 않습니다. 그래서 야고보서 기자는 사람이 시험을 당할 때 하나님께 핑계하지 말라고 경계합니다. 그렇다면 시험(유혹)은 어디에서부터 오는 것입니까? 시험은 사단이 주는 것으로 사단으로부터 옵니다. 사단은 우리의 생각을 유혹하고, 우리의 몸과 마음을 유혹합니다.

> 그러므로 우리에게 큰 대제사장이 있으니 승천하신 자 곧 하나님의 아들 (   )시라 우리가 믿는 도리를 굳게 잡을지어다 우리에게 있는 대제사장은 우리 연약함을 체휼하지 아니하는 자가 아니요 모든 일에 우리와 한결같이 (   )을 받은 자로되 죄는 없으시니라 그러므로 우리가 긍휼하심을 받고 때를 따라 돕는 은혜를 얻기 위하여 (   )의 보좌 앞에 담대히 나아갈 것이니라(히 4:14-16)

예수님은 영원한 대제사장이요 중보자이십니다. 그분은 우리와 같이 시험을 당하셨고, 이기셨으며, 우리를 도우시는 분입니다. 그러므로 우리는 때를 따라 돕는 은혜를 얻기 위해 은혜의 보좌 앞으로 담대히 나아갈 수 있습니다.

2. 다만 악에서 구하옵소서

우리가 시험에 들게 되면, 그 다음 단계는 죄를 짓는 것입니다. 주기도문의 마지막 청원은 사단의 올무, 악에서 우리를 구해 달라는 기도입니다. 악으로부터, 악한 자로부터 우리를 꺼내 달라는 기도입니다. 이처럼 우리도 악한 자의 손에서, 악한 자의 위협으로부터 구원하여 주시기를 간구해야 합니다.

> 또한 우리를 무리하고 (   ) 사람들에게서 건지옵소서 하라 믿음은 모든 사람의 것이 아님이라 주는 미쁘사 너희를 굳게 하시고 (   ) 자에게서 지키시리라(살후 3:2)

적용 질문

1. 일상생활 가운데서 시험에 들지 않기 위한 방법들을 말해 봅시다.

　_____
　_____

2. 지금 당신을 가장 괴롭게 하는 악(악한 자)은 무엇입니까? 당신은 그 악을 어떻게 극복하려 하십니까?

　_____
　_____

적용을 위한 도움 글

부쉬마스터

남아메리카 밀림 속에는 '부쉬마스터'라는 독사가 있습니다. 이 뱀에 물리면 20분 내에 죽는다고 합니다. 독이 전 혈액에 퍼지기 때문에 해독제도 소용이 없습니다. 그런데 이 독사는 빛깔이 너무나 아름다워서 기어가는 모습이 마치 무지개의 영롱함처럼 황홀하다고 합니다. 이 때문에 넋을 잃고 바라보고 있노라면 순간적으로 달려들어 물어버립니다. 헤르만 헤세는 "인간에게는 세 가지 유혹이 있다."고 말했습니다. 그것은 거친 '육체의 욕망'(향락)과, 저 잘났다고 거들먹거리는 '교만', 그리고 졸렬하고 불손한 '이기심'입니다. 유혹은 지금 당장의 아름다움만 보게 하는 특징이 있습니다. 흔히 한 사람이 파멸되는 것은 유혹을 아름답다고 느끼고 그것에 매료되어 있을 때 그 독이 퍼져 버리기 때문입니다. 유혹의 특징은 '꼭 한 번만'이라는 속임수가 숨어 있다는 점입니다. 그러나 그 한 번은 일생을 망치게 하는 무서운 독입니다.

메시지

예수님은 우리에게 유혹에 빠지지 않도록 기도하라고 가르쳐 주셨습니다. 성경이 말하는 것처럼 우리가 유혹에 빠지는 것은 욕심 때문입니다. 욕심은 우리를 유혹에 빠뜨리며 죄를 짓게 하고, 결국에는 사망에 이르게 합니다. 우리의 힘만으로 유혹을 이기기는 매우 어렵습니다. 그래서 예수님은 유혹을 이길 수 있도록 하나님께 간구하라고 하셨고, 광야에서 시험받으실 때에 하나님의 말씀으로 유혹을 물리치심으로 친히 모범을 보여 주셨습니다. 우리의 생활 가운데는 온갖 유혹과 악이 난무하고 있습니다. 우리를 해치려는 악한 자들이 주위를 에워싸고 있습니다. 우리의 삶에는 날마다 영적 전투가 벌어지고 있습니다. 그래서 예수님은 악에서 구원해 달라는 기도를 하라고 말씀하신 것입니다. 하나님의 도우시는 손길이 있을 때 우리는 비로소 악과 악한 자들로부터 승리할 수 있습니다. "우리를 시험에 들게 하지 마옵시고 다만 악에서 구하옵소서"라는 기도를 통해 유혹을 이기고 악과 싸워 승리하는 능력의 신앙인으로 자라 가십시오.

11

나라와 권세와 영광이 아버지께 영원히 있사옵나이다

찬송 : 21장
본문 : 마태복음 6:13
요절 : 마태복음 6:13

¹³우리를 시험에 들게 하지 마옵시고 다만 악에서 구하옵소서(나라와 권세와 영광이 아버지께 영원히 있사옵나이다 아멘)

■ 도입글

드디어 주기도문의 마지막 내용에 도달했습니다. 오늘 배우는 내용은 "나라와 권세와 영광이 아버지께 영원히 있사옵나이다"라는 구절입니다. 이 부분은 지금까지 살펴본 기원과는 달리 '송영'입니다. 우리는 예배 시간에 송영을 찬송으로 부릅니다. 주기도문의 송영은 기도문으로 되어 있으며, 세 가지 주제로 나뉘어져 있습니다. 그 세 가지 주제는 나라, 권세, 영광입니다. 그렇다면 송영에 담긴 뜻은 무엇입니까? 일반적인 송영의 의미와 주기도문의 송영에 담긴 뜻을 함께 살펴봅시다.

■ 여는 질문

1. 당신은 주기도문의 마지막 구절인 "나라와 권세와 영광이 아버지께 영원히 있사옵나이다"라는 기도를 하면서 어떤 느낌을 갖게 됩니까?

   _____
   _____

2. 당신은 기도할 때마다 응답을 확신합니까? 확신한다면 그 이유는 무엇입니까?

   _____
   _____

■ 본론

이번 과에서는 나라, 권세, 영광, 아멘에 대해 다룹니다. 각각의 단어가 가진 의미를 성경의 본문들을 통해 알아봅시다.

1. 나라

이 부분은 5과에서 이미 다루었습니다. 자세한 내용은 5과의 '나라' 부분을 참고하십시오.

( )는 볼 수 있게 임하는 것이 아니요 또 여기 있다 저기 있다고도 못 하리니 ( )는 너희 ( )에 있느니라(눅 17:20-21)

2. 권세

다음 구절들을 통해서 하나님의 권세와 하나님으로부터 위임된 권세에 대해 살펴봅시다.

이는 그 가르치시는 것이 (　　) 있는 자와 같고 저희 서기관들과 같지 아니함일러라(마 7:29)

예수께서 나아와 일러 가라사대 하늘과 땅의 모든 (　　)를 내게 주셨으니(마 28:18)

> **해석을 위한 도움 글**
>
> 권세: 뒤나미스
> 다른 것들 위에 지배력, 권력, 영향력 등을 행사할 수 있는 실질적인 힘이나 잠재적인 능력을 가리키는 말입니다. 이 권세는 하나님께 있으며, 하나님의 뜻을 이루기 위해 사람에게 위임되기도 합니다.

3. 영광

다음의 구절들을 통해 하나님의 영광과 하나님께 영광을 돌린다는 의미를 살펴봅시다.

그런즉 너희가 먹든지 마시든지 무엇을 하든지 다 하나님의 (　　)을 위하여 하라(고전 10:31)

큰 음성으로 가로되 죽임을 당하신 어린양이 (   )과 (   )
와 (   )와 (   )과 (   )와 (   )과 찬송을 받으시기에
합당하도다 하더라(계 5:12)

해석을 위한 도움 글

영광: 독사
하나님의 탁월성, 완전성, 그리고 임재를 표현하기 위해 특별히 사용되는 용어입니다. 피조물인 인간은 하나님의 영광이 나타날 때 회개하고, 감탄하고, 찬양하게 됩니다.

배우기

주기도문의 마지막 부분인 "나라와 권세와 영광이 아버지께 영원히 있사옵나이다"라는 구절은 송영입니다. 송영은 매우 중요한 신앙적 의미를 담고 있습니다. 즉 앞부분의 기원 내용을 확신하게 하는 '보증'입니다. 송영은 앞의 기도를 드리면서 의심으로 동요하거나 반신반의하는 우리의 마음을 확고하게 세워 주는 역할을 합니다.

또한 예수님 당시 이스라엘 사람 가운데 구약의 내용을 조금이라도 아는 사람이라면 '나라'와 '권세'와 '영광'이 무엇을 연상하는지 알았을 것입니다. 그것은 다니엘의 환상 가운데 나타났던 인자 같은 이에 대한 기억입니다.

내가 또 밤 이상 중에 보았는데 인자 같은 이가 하늘 구름을 타고 와서 옛적부터 항상 계신 자에게 나아와 그 앞에 인도되매 그에게 (   )와 (   )과 (   )를 주고 모든 백성과 나라들과 각 방언하는 자로 그를 섬기게 하였으니 그 권세는 영원한 권세라 옮기지 아니할 것이요 그 나라는 폐하지 아니할 것이니라 (단 7:13-14)

송영 부분은 하나님과 동격이신 예수님께서 직접 가르쳐 주신 이 기도의 내용을 하나님께서 응답해 주실 것임을 보장한다는 의미라 할 수 있습니다. 즉 기도한 대로 이루어질 것을 확신하게 하는 것이 바로 송영의 표현입니다. 송영은 다음의 세 가지 주제로 구성되어 있고, 맨 마지막에는 '아멘' 이 첨가되어 있습니다.

1. 나라

이미 5과에서 다룬 것처럼 하나님 나라의 의미는 단순한 영토적 개념이 아닌, 하나님의 주권이 미치는 모든 영역을 가리킵니다. 나라가 영원히 아버지께 있다는 고백은 이러한 점을 잘 나타내 줍니다. 하나님의 나라는 하나님의 주권과 통치로 다스려지는 곳이며, 따라서 하나님 나라는 어떤 특정한 장소가 아닌 우리 마음, 혹은 우주 전체를 포괄하는 의미를 담고 있습니다.

그러나 내가 하나님의 성령을 힘입어 귀신을 쫓아내는 것이면 (   )가 이미 너희에게 임하였느니라(마 12:28)

2. 권세

정치적인 공권력을 비롯한 이 세상의 모든 권세는 많은 사람들을 지배하고 억압합니다. 때로는 인권을 유린하기도 합니다. 그러나 송영의 이 '권세'는 세속적인 힘과는 다릅니다. 이 힘은 사람을 지배하고 억압하는 힘이 아닙니다. 이것은 구원, 승리, 세움, 치유, 해방을 주는 힘입니다. 이 권세는 예수 그리스도의 십자가와 부활에 나타나 있습니다.

내가 너희에게 뱀과 전갈을 밟으며 원수의 모든 능력을 제할 (   )을 주었으니 너희를 (   )자가 결단코 없으리로다(눅 10:19)

3. 영광

사람은 하나님의 영광을 위해 창조되었습니다. 그러므로 인간의 사는 모든 목적은 하나님의 영광을 구하는 일에 초점이 맞추어져야 합니다.

그런즉 너희가 먹든지 마시든지 무엇을 하든지 다 (   )의 (   )을 위하여 하라(고전 10:31)

▣ 적용 질문

1. 당신은 하나님의 일을 위해 어떤 권세를 위임받았다고 생각하십니까?

2. 하나님께 영광을 돌리는 기도가 무엇인지 생각해 보고 구체적으로 말해 보십시오.

> **적용을 위한 도움 글**
>
> ### 단 한 분만을 위하여
>
> 이제 갓 안수를 받은 젊은 목사가 어떤 한 교회로 부임하게 되었습니다. 그래서 교회에서는 신임 목사를 환영하는 만찬회가 열렸는데, 어떤 부인이 젊은 목회자에게 다가가더니 이렇게 말하는 것이었습니다.
>
> "목사님께서는 이 7백 명이나 되는 사람들의 요구를 만족시켜 주셔야 하는데, 이 힘든 일을 맡으실 생각을 어떻게 하게 되셨나요? 저는 이해가 잘 안 가는군요."
>
> 그러자 젊은 목사는 주저함 없이 대답했습니다.
>
> "제가 이 도시에 온 것은 7백 명의 사람들을 기쁘게 해 주기 위해서가 아닙니다. 단 한 분만을 기쁘게 해 드리기 위해서 온 것입니다. 그분이 기쁘시기만 하면 나머지 모든 것들은 저절로 잘 될 것입니다."

 메시지

우리는 지금까지 주기도문을 살펴보았습니다. 우리는 신앙 생활을 하면서 하나님 앞에 나아가 무엇을 구하며 어떤 기도를 드려야 할지 망설일 때가 많습니다. 밤을 새워 부르짖고 많은 시간을 기도의 시간으로 할애한다고 하지만 진정 무엇을 구해야 할지 몰라 고민할 때도 많습니다. 그런데 우리는 지금까지 배운 주기도문을 통해 이와 같은 고민을 해결할 수 있었습니다. 우리는 주님이 가르쳐 주신 방법에 따라 기도함으로 주님이 원하시는 기도를 드리는 성숙한 신앙인들이 되어야 할 것입니다. 또한 우리는 오늘 배운 송영으로 주기도문을 마칩니다. 송영은 우리 기도의 응답을 확신하는 기반이 됩니다. 그리고 우리가 기도한 내용에 대한 보증이 됩니다. 이제 기도할 때마다 응답의 확신을 가지십시오. 더불어 하나님의 뜻을 위해 헌신을 다짐하십시오. 하나님께 바른 기도를 드리고, 기도의 응답을 확신하고, 헌신의 결단이 있다면 그것이 곧 하나님께 영광을 돌리는 삶이요, 예수님을 닮는 삶이 될 것입니다. 주님이 가르쳐 주신 주기도문을 통해 하나님의 약속을 믿는 믿음 안에서 기도하는 신실한 성도들로 자라 가십시오.

12 대개와 아멘

찬송: 348장
본문: 마태복음 6:9-13
요절: 마태복음 6:13

⁹그러므로 너희는 이렇게 기도하라 하늘에 계신 우리 아버지여 이름이 거룩히 여김을 받으시오며 ¹⁰나라이 임하옵시며 뜻이 하늘에서 이룬 것같이 땅에서도 이루어지이다 ¹¹오늘날 우리에게 일용할 양식을 주옵시고 ¹²우리가 우리에게 죄 지은 자를 사하여 준 것같이 우리 죄를 사하여 주옵시고 ¹³**우리를 시험에 들게 하지 마옵시고 다만 악에서 구하옵소서**(나라와 권세와 영광이 아버지께 영원히 있사옵나이다 아멘)

도입글

우리는 기도를 마칠 때 '아멘'이라는 말로 끝을 맺습니다. 기도를 마칠 때뿐만이 아니라 설교를 듣거나 기도할 때에도 아멘으로 화답합니다. 아멘은 성경에서도 자주 나타나며, 교회에서도 자주 사용되는 말입니다. 그러나 아멘의 깊은 뜻을 제대로 알지 못한 채 입으로만 아멘을 말하는 경우가 많습니다. 이번 과에서는 우리에게 종종 혼란을 일으키는 '대개'와 우리가 자주 사용하는 '아멘'의 바른 의미를 함께 살펴봅시다.

▐▐▐ 여는 질문

1. 당신은 설교를 듣거나 기도할 때 어떤 부분에서 '아멘' 으로 화답하십니까?

_____

_____

2. 당신은 주기도문을 할 때 '대개' 라는 말을 넣어서 암송하십니까?

_____

_____

▐▐▐ 본론

1. 대개

마태복음에 나오는 주기도문과 찬송가 표지의 안쪽 부분에 나오는 주기도문을 비교해 보십시오. 어떤 차이가 있습니까?

_____

_____

당신은 '대개' 라는 단어의 뜻이 무엇이라고 생각하십니까?

_____

_____

2. 아멘

아멘은 성경 곳곳에서 사용되고 있습니다. 우리가 기도할 때마다 사용하는 아멘의 바른 뜻은 무엇인지, 다음 구절들을 통해 살펴봅시다.

여호와 이스라엘의 하나님을 영원부터 영원까지 찬양할지어다 모든 백성들아 (　　　) 할지어다 할렐루야(시 106:48)

하나님의 약속은 얼마든지 그리스도 안에서 예가 되니 그런즉 그로 말미암아 우리가 (　　　) 하여 하나님께 영광을 돌리게 되느니라(고후 1:20)

라오디게아 교회의 사자에게 편지하기를 (　　　)이시요 충성되고 참된 증인이시요 하나님의 창조의 근본이신 이가 가라사대 (계 3:14)

해석을 위한 도움 글

아멘

'아멘'은 구약과 신약을 막론하고 골고루 나타나는 단어입니다. 이 단어는 '굳건한', '믿을 수 있는', '확실히', '진실로'의 뜻을 가지고 있습니다. 또한 이 '아멘'은 감탄사로 사용될 때 '그렇게 되기를 원합니다'라는 뜻으로 사용됩니다.

배우기

1. 대개

마태복음에 나오는 주기도문의 본문에는 '대개' 라는 단어가 없지만 찬송가 안쪽 표지에 나오는 주기도문에는 수록되어 있습니다. 우리말로 '대개' 는 대체로, 대략 등의 의미로 쓰이는 말입니다. 그러나 이는 원어의 뜻과는 큰 차이가 있습니다.

> **해석을 위한 도움 글**
>
> 대개
> 대개에 해당되는 원어는 '호티' 입니다. 이 '호티' 는 접속사로 우리말로는 '왜냐하면' 정도로 번역할 수 있습니다.
> 이러한 혼란이 생긴 이유는 아마도 우리말로 성경을 번역하면서 중국어 성경을 참고본으로 사용했기 때문인 것으로 보입니다. '대개' 에 해당하는 원어인 '호티' 는 번역을 하지 않아도 무방하지만 굳이 번역하자면 "왜냐하면 나라와 권세와 영광이 아버지께 영원히 있기 때문입니다" 정도가 될 것입니다.

2. 아멘

'아멘' 은 교회에서 매우 흔하게 사용되는 말이지만, 우리 신앙의 모든 것들을 포괄한다고 할 수 있을 정도로 심오한 뜻을 가지고 있습니다.

먼저 아멘은 하나님의 뜻에 동의한다는 뜻을 가지고 있습니다. 이럴 때 아멘은 "예, 그렇습니다"라는 뜻입니다. 다음으로 아멘은 하나님의 뜻이 이루어지기를 원하며 이를 위해 헌신하겠다는 결단의 의미가 있습니다.

마지막으로 주목해야 할 것은 요한이 사용한 아멘의 의미입니다. 요한은 요한계시록에서 예수님을 가리켜 '아멘' 이라고 표현하고 있습니다. 예수님의 삶이 곧 아멘의 삶이요, 그래서 예수님을 가리켜 아멘이라고 부르고 있는 것입니다. 요한이 예수님을 아멘으로 표현한 이유는 십자가에서 내 뜻을 버리고 하나님의 뜻을 온전하게 이룬 사건 때문입니다. 십자가는 하나님의 뜻에 온전히 동의하고, 온전히 예수님의 삶을 헌신한 증표가 되었습니다. 십자가를 통해서 구원사건이 이루어졌습니다. 그래서 십자가는 곧 아멘이요, 예수님은 아멘이 되신 것입니다.

가라사대 아버지여 만일 아버지의 뜻이어든 이 잔을 내게서 옮기시옵소서 그러나 내 (   )대로 마옵시고 아버지의 (   )대로 되기를 원하나이다 하시니 (눅 22:42)

■ 적용 질문

1. 지금 당신의 삶에서 하나님의 뜻을 이루기 위해 '아멘' 해야 할 부분이 있습니까? 있다면 어떤 부분입니까?

_____
_____

2. '아멘'의 삶을 위한 당신의 구체적인 결단을 말해 보십시오.

_____

_____

> **적용을 위한 도움 글**
>
> ### 헌신
>
> 한 소년이 진지하게 예배를 드리고 있었습니다. 시간이 흘러 헌금 시간이 되었습니다. 모든 사람들이 일어나서 강단 앞에 마련된 헌금통에 헌금을 하기 시작했습니다. 그러나 이 소년은 너무 가난해서 헌금할 돈이 한 푼도 없었습니다. 이 소년은 고민을 하다가 헌금통 앞으로 나아갔고 이내 헌금통 위로 올라가 앉았습니다. 목사님이 놀란 표정으로 소년에게 물었습니다. "너 왜 이런 짓을 하니?" 소년은 이렇게 대답했습니다. "목사님, 저도 다른 사람들처럼 하나님께 헌금을 드리고 싶지만 가진 돈이 없습니다. 그래서 저는 돈 대신 저를 하나님께 드리려고 해요. 그래서 이렇게 헌금통 위에 앉았습니다."
> 후에 소년은 그 날 하나님 앞에서 했던 헌신의 결단처럼 자기 자신을 아프리카 선교에 바쳤습니다. 이 소년이 바로 순교자 리빙스톤입니다.

메시지

우리는 하나님의 뜻이 이루어지기 위해서 기도합니다. 또한 우리의 필요를 위해서도 기도합니다. 그러나 과연 당신은 얼마만큼 응답의 확신을 가지고 기도하십니까? 기도가 끝날 때마다 우리는 아멘이라고 말합니다. 설교를 들으면서도 우리는 아멘으로 화답합니다. 그러나 응답의 확신이 없는 기도, 잘못 구하는 기도, 헌신의 결단이 없는 기도는 우리의 영혼을 피폐하게 합니다. 형식적인 기도, 가식적인 기도, 중언부언하는 기도는 우리의 신앙을 뒷걸음질치게 만듭니다. 이제 우리는 주기도문에 대해서, 또 그 기도를 확증하고 헌신하게 하는 아멘에 대해서 살펴보았습니다. 우리가 이번 과정을 통해 무엇인가를 새롭게 배웠다면 앞으로의 기도는 달라져야 합니다. 이제 우리가 드리는 기도는 내 필요보다 하나님의 영광을 앞세우는 기도가 되어야 합니다. 하나님의 뜻을 이루기 위해 헌신하는 기도가 되어야 합니다. 내 삶이 곧 아멘이 되는 기도가 되어야 합니다. 주기도문을 가르쳐 주신 예수님은 그분 스스로 아멘이 되셨습니다. 주기도문을 통해 예수님처럼 살기를 소원하십시오. 그리하면 하나님이 우리 삶에 필요한 모든 것들을 풍성히 채워 주실 것입니다.

"주를 경외하게 하는 주의 말씀을 주의 종에게 세우소서"(시 119:38)

하나님의 말씀으로 사람을 세우는
프리셉트성경연구원

프리셉트성경연구원(Precept Ministries International)은 미국에 본부를 둔 초교파적인 복음주의 기독교 단체로서, 사람들을 하나님의 말씀으로 무장시키고 삶의 전 영역에서 하나님을 섬기도록 돕는 데 그 비전과 목표를 두고 있습니다.

프리셉트성경연구원은 1년에 약 12주씩 4학기(3월, 6월, 9월, 12월 개강) 동안 매주 월요일에 귀납적 성경연구 세미나와 강해설교 학교를 진행합니다.

프리셉트성경연구원의 사역은 다음과 같습니다.

1. 하나님의 말씀으로 세운다 _ 귀납적 성경연구 사역
2. 하나님의 사람을 세운다 _ 문서 사역
3. 하나님의 교회를 섬긴다 _ 목회 은사 개발 사역
4. 하나님의 사람을 파송한다 _ 프리셉트 선교 사역

프리셉트성경연구원 사역 문의 및 연락처
서울시 서초구 청룡마을길 8-1(신원동) Tel: 02-588-2218 Fax: 02-588-2268
www.precept.or.kr

새가족 성경공부 교재

복음에 감격하는 새가족 성경공부

처음 교회에 등록한 분들이 초신자이든 기신자이든 예수님을 만나서 변화된 삶의 축복을 누리도록 돕는 교재다. 이런 의미에서 초신자와 기신자를 함께 아우르는 통합반 교재라고 할 수 있다(인도자용 별도).

■ 김경섭 지음 | 학생용 값 5,000원 인도자용 값 6,000원

초신자를 위한 새가족 성경공부

처음 교회에 출석하는 초신자들에게 삼위일체 하나님과 구원 그리고 구체적인 신앙생활을 안내하는 교재다. 비교적 쉽고 단순하게 만들었기에, 견고한 신앙의 기초를 다지게 할 것이다.

■ 김경섭 지음 | 값 3,500원

기신자를 위한 새가족 성경공부

교회에 등록하는 성도 중 상당수는 이미 예수님을 믿고 교회 생활을 해 온 분들이다. 그분들이 처음 교회에 등록했을 때 신앙의 기초를 확인하고 좀 더 깊이 신앙생활을 할 수 있도록 안내하는 성경공부 교재다.

■ 김경섭 지음 | 값 3,800원

새가족 나눔 교재

오늘날 성도 중에는 '성경공부'라는 단어에 거부감을 가지는 사람들도 있다. 이 교재는 공부하는 도구라기 보다는 함께 교재를 나눈 후에 같이 읽어 가는 나눔식 새가족 안내 자료다.

■ 김경섭 지음 | 값 3,800원